Kratz · Experimente als Hausaufgaben Chemie

Michael Kratz

Experimente als Hausaufgaben
CHEMIE

3. unveränderte Auflage

Aulis Verlag Deubner & Co KG

Die Deutsche Bibliothek – CIP-Einheitsaufnahme

Experimente als Hausaufgaben. – Köln : Aulis-Verl. Deubner

Chemie / Michael Kratz. – 3., unveränd. Aufl. – 1998
ISBN 3-7614-1801-9

Best.-Nr. 2107

Einbandgestaltung: Atelier Warminski, Büdingen
Druck: Druckerei DAN, Ljubljana/Slowenien
ISBN 3-7614-1801-9

Inhaltsverzeichnis

Ein Band für das Fach Biologie wird vorbereitet.

Die Chemieversuche (Band 1)

Jedes Signum für Chemie beginnt mit „C-"!

Signum	Titel	Themen
	Anfangsunterricht	
Anf 1	Wasser in der Nahrung	Messung des Wassergehaltes
Anf 2	Die zerknautschte Dose	Kondensation, Luftdruck
Anf 3	Welche Flüssigkeit verdunstet schneller?	Verdunstungsgeschwindigkeit
	Stoffgemische	
Gem 1a, b	Essig, Öl & Paprika (1+2)	Löslichkeit, Emulsionen
Gem 2	W/O - O/W	Wasser-in-Öl und Öl-in-Wasser-Emulsionen
Gem 3	Glasklar - sonst nichts?	Eindampfen von Lösungen
Gem 4a, b	Brausepulver - selbstgemacht (1+2)	Stoffgemische, Nachweis von CO_2
Gem 5	Solare Destillationsanlage	Destillation, Meerwasser-Entsalzung
Gem 6	Trennen eines Stoffgemisches	verschiedene Trennverfahren
	Umwelt	
Um 1	Der Kresse-Test	Wirkung von Reinigungsmitteldämpfen auf das Wachstum von Kresse
Um 2	Eine Staubkarte	Einwöchiges Protokoll der Staubbelastung in der Luft
	Atombau	
At 1	Der wahre Unterschied zwischen Zucker und Salz	Stoffe aus Molekülen und Ionen im Vergleich
At 2	Wie groß sind Ölmoleküle?	Der Ölfleckversuch
At 3	Die „Haltbarkeit" von Luftballons	Welches Gas bleibt länger im Ballon?
	Analysen	
Ana 1	Chromatographie mit Kreide	Säulenchromatographie, Farbstoffe
Ana 2	Dem Urkundenfälscher auf der Spur	Papierchromatographie
	Redox	
Red 1	Wie rostet Eisen am schnellsten?	Das Rosten von Eisen unter verschiedenen Bedingungen
	Elektrochemie	
El 1	Elektrolytisches Reinigen von Silber	Spannungsreihe
El 2	Eine Batterie nach Art der Parther?	Spannungsreihe, Galvanische Elemente
El 3	Elektrisch schreiben und „radieren"	Elektrolyse, Indikatoren
El 4	Elektrochemische Korrosion	Spannungsreihe, Korrosion
El 5	Der Bleistiftspitzer im Salzbad	Spannungsreihe, Korrosion
	Säuren, Laugen, Salze	
SL 1	Kalk - ein verbreiteter Stoff	Calciumcarbonat + Säure
SL 2	Natürliche Indikatoren	Rotkohl, Tee u.a. Indikatoren
SL 3a	Die Verdünnungsreihe	Verdünnungsreihe (Zitronensäure)
SL 3b	Der pH-Wert im Alltag Ein *Elternbrief* dazu	Der pH-Wert von Haushaltschemikalien, Bodenproben, Wasserproben usw.
SL 3c	Der pH-Wert im Alltag	Mehrere Versuche zum Thema *Säuren und Laugen*
SL 3d	Säuren und Laugen im Alltag	
	Organische Chemie	
OC 1a, b	Hefe lebt! • Das Gas	Alkoholische Gärung • Nachweis von CO_2
OC 1c	Der Treibhauseffekt	Treibhauseffekt
	Diverse Themen	
Div 1	Die Osmose	Versuche zur Osmose
Div 2	Kandiszucker	gesättigte Lösungen, Kristallzüchtung
Div 3	Theorie und Praxis (Fehleranalyse)	Messen des Sauerstoffgehaltes der Luft
Div 4	Scheuermittel	Scheuermilch und Scheuerpulver

Die Physikversuche (Band 2)

Jedes Signum für Physik beginnt mit „P-“ !

Signum	Titel	Themen
	Akustik	
Ak 1	Licht & Hupe	Messung der Schallgeschwindigkeit
Ak 2	Der Doppler-Effekt	Doppler-Effekt
	Elektrik	
E 1	Wettbewerb: Wer baut den stärksten Elektromagneten?	Elektromagnete
E 2	Das Zitronenrätsel	Elektromagnete, Kompaß, Galvanismus
E 3	Elektroskope - klassisch (1) und modern (2)	Nachweis statischer Elektrizität Bau eines Transistorverstärkers
E 4	Kaffee kochen	elektrische Leistung, Energie, Arbeit
E 5a	Das Galvanoskop (1)	Selbstbau eines Galvanoskopes aus Kompaß und Spule
E 5b	Das Galvanoskop (2)	Versuche mit dem Galvanoskop
	Magnetismus	
Mag 1	Der Magnet als Störfaktor	Auswirkung auf Fernseh-Bildschirme, Radio und magnetische Speichermedien
Mag 2	Die magnetische Stricknadel	Magnetisieren, Elementarmagnete, Pole
	Mechanik	
Mec 1	Gekoppelte Flummies	Impuls, elastischer Stoß
Mec 2	Das Leidenfrostsche Phänomen	Reibung, Luftkissen
Mec 3	Wettbewerb: Wer baut das tragfähigste Boot?	Auftrieb, Schwimmen, Volumen
Mec 4	Klepsydra - 2X	Hydrostatik, Zeitmessung
Mec 5	Luft ist ein Körper	Körper
Mec 6	Rotierende Kugeln	Auftrieb, Schwimmen
Mec 7	Die Wasserrakete	Raketenphysik, Rückstoß, Kraft
Mec 8	Wettbewerb - Ein originelles Boot	Die Schüler entwickeln diverse Bootsantriebe
	Optik	
Op 1	Ein Sonnenschreiber	Sammellinsen
Op 2	Ein Joghurtbecher erinnert sich	Spiegel, Memory-Material
Op 3	Sehtest	Blende, Tiefenschärfe
Op 4	Sammellinse - paradox	Linsen, Brechungsindex
Op 5	Farben aus den „Nichts“?	Polarisation, Interferenz
Op 6	Warum sind Nebelleuchten rot?	TYNDALL-Effekt, Streuung
	Wärmelehre	
W 1	Wärme durch Druck - Kälte durch Entspannung	Gaskinetik, Gasgesetze, Energie und Aggregatzustand
W 2	Warum kühlt ein Eiswürfel?	Schmelzwärme
W 3	Temperatur & Farbe	Wärmestrahlung, Adsorption
W 4	Aluminiumfolie und Papier	Wärmeausdehnung, Bimetall
W 5	Das universelle Windrad	Wärmeströmung (Konvektion)
W 6	Lichtmühlen	Wärmestrahlung, Energie
W 7	Wärmedämmung	Wärmeleitung
W 8	Sieden und Schmelzen	Verdampfungs- und Schmelzwärme
W 9	Ein Dampfboot ohne Kessel	Dampfmaschine, Kondensation
W 10	Kalter Kaffee - möglichst schnell!	Mischtemperatur, Wärmestrahlung

Experimente als Hausaufgabe

Das forschende, schülerzentrierte Verfahren ist einer der vornehmsten Wege naturwissenschaftlichen Unterrichtes.

Diesen Satz würde ich sofort unterschreiben, habe ich ihn doch selbst formuliert. Doch auch hier gilt: Schlimmer als *schlecht* ist *gut gemeint*! Ein Bekenntnis macht noch keinen guten Unterricht.

Stellen Sie sich doch einmal an einem normalen Schultag in eine naturwissenschaftliche Sammlung und - lauschen Sie! Was werden Sie vernehmen? Richtig: Zumeist die Stimmen der Lehrkörper!

Schülerinnen und Schüler kommen zu Gehör, indem Sie Fragen beantworten, vorlesen, gelegentlich referieren oder „stören". Oder ungeduldig nach Unterstützung rufen, weil sie mit dem eher selten eingesetzten Schülerversuch nicht zurande kommen.

Ich gestehe freimütig: Das könnte auch heute noch, nach etlichen Lehrerjahren, eine Momentaufnahme meines Unterrichtes sein. Ist das bei Ihnen genauso? Sind Sie auch nicht ganz zufrieden mit Ihrem überwiegend lehrerzentrierten Unterrichtsstil? Dann haben wir ein gemeinsames Thema!

„Naturwissenschaftlicher Unterricht ist *realitätsfern* und ‚*verkopft*!"

„*Hausaufgaben sind eine Strafe* - für Kinder und Eltern!"

„Oft gefordert, nur selten realisiert: Die *innere Differenzierung*"

„*Offener Unterricht und freie Arbeit?* Ja, bitte - aber wie soll das im Physik- und Chemieunterricht der höheren Jahrgänge funktionieren? Die Sicherheitsbestimmungen stehen freiem Experimentieren im Weg."

„Es gibt so viele schöne Experimentierbücher für Kinder. Warum nicht auch *für ältere Jugendliche*?"

Diese und ähnliche Aussagen hört und liest man oft. Sie sind das Programm für dieses Buch. Es richtet sich an Lehrerinnen und Lehrer der Fächer Chemie und Physik in Jahrgang 7 bis 10, die

- ✓ **innere Differenzierung** verwirklichen,
- ✓ nach attraktiven **Hausaufgaben** suchen,
- ✓ **selbständiges Arbeiten** und Lösen von Problemen fördern,
- ✓ ihre Schülerinnen und Schüler **Referate** halten lassen,
- ✓ zum **Erfinden** und **Forschen** anregen,
- ✓ die künstliche Trennung zwischen Labor und **alltäglicher Umgebung** reduzieren wollen.

„Der Unterricht, den ich als Kind und Jugendlicher ‚genoß', war so langweilig, daß ich während der Stunden genügend Zeit hatte, meine privaten Forschungen zu treiben."

So antworte ich oft, wenn mich meine Schülerinnen und Schüler fragen, warum ich denn ausgerechnet Physik- und Chemielehrer bin.

Meine spaßig klingenden Aussage hat durchaus ernstgemeinte Anteile. „Nebenbeschäftigungen" sind oft Hinweise auf Mißstände und Quellen für Ideen, die kreativ genutzt werden können.

Außerhalb des Lehrplans: Akustik und Mechanik des Kugelschreibers

Gerne zerlegte ich als Schüler in den meist nicht enden wollenden Stunden meinen Kugelschreiber. Indem ich die Feder zwischen die Zähne nahm und daran herumspielte, bekam ich **intuitiv** ein Gespür für den Zusammenhang zwischen Tonhöhe und Länge der schwingenden Feder, für die Phänomene Schalltransport in festen Körpern (in diesem Fall durch Zähne und Knochen) und Dämpfung.

Jugend forscht: „Kinder müssen aber auch alles in den Mund nehmen!"

Ja doch, der im Chemie-Band vorgestellte Versuch „Bleistiftspitzer im Salzbad" geht darauf zurück, was ich in etwa gleichzeitig als etwa neunjähriger Junge entdeckte. Sowohl die beiden Messingkontakte einer Flachbatterie als auch das Stahlmesser und das Aluminiumgehäuse eines Bleistiftspitzers lösen auf der Zunge ähnliche Empfindungen aus: Ein leichtes „Kribbeln" und einen „metallischen Geschmack".

Nun war es nicht mehr weit zu der Idee, den Spitzer in eine Salzlösung zu legen, um zu „gucken, was passiert...". Zu meiner Überraschung wurde das Gehäuse mit der Zeit total zerfressen, während die Klinge unversehrt blieb. Mit elektrochemischen Vorgängen habe ich das damals allerdings noch nicht in Zusammenhang gebracht.

Später, als ich bereits Lehrer an einer Gesamtschule war, bekam meine Entdeckung von unerwarteter Seite Konkurrenz:

„Schüler machen bei Experimenten alles - nur nicht das, was sie sollen!"

Eine Chemiestunde in Jahrgang 11: Ein Eisennagel sollte in einer starken Kupfersulfatlösung verkupfert werden. Zwei meiner Schülerinnen hatten nichts Besseres zu tun, als einen Bleistiftspitzer mit Aluminiumgehäuse in die Lösung zu werfen. Die Lösung schäumte fast schlagartig über, die Schülerinnen schrieen - wer kann da ernst bleiben?

Wir sind von Chemie und Physik umgeben. Die Versuche in dieser Reihe sollen das unterstreichen. Bei aller „Alltäglichkeit" sollen die Versuche aber nicht trivial sein: Zum Teil sind ziemlich knifflige Aufgaben zu lösen.

Hausaufgaben - selten geliebt!

Genügt es denn nicht, daß die Schülerinnen und Schüler am Vormittag und teilweise auch an Nachmittagen in der Schule den meist kopflastigen Unterricht über sich ergehen lassen müssen?

Ist nicht bekannt, wie Hausaufgaben oft zu Familienstreit führen, wenn Eltern den meist unwilligen Sprößlingen mal mehr, mal weniger kundig zur Seite stehen?

Die andere Seite der Hausaufgaben

- ✓ Zu Hause besteht oft - leider nicht immer - die Chance, Aufgaben mit Muße zu bearbeiten. Der Arbeitsrhythmus ist alleinige Sache der Schüler, falls sie nicht völlig den Terminzwängen moderner Freizeitgestaltung unterliegen.
- ✓ Inhalte, die im Unterricht wegen Zeitknappheit zu kurz kommen, können nach Hause verlagert werden. Hier stören weder Lehrer noch Pausengong beim Forschen!
- ✓ Die schulische Welt ist in vielerlei Hinsicht künstlich, auch und gerade im naturwissenschaftlichen Unterricht: Flaschenzüge im Puppenstubenformat, Erdöl-Raffinerien im 250-ml-Kolben sind für den Unterricht sinnvoll. Der Transfer zur alltäglichen Umwelt des Schülers findet aber kaum statt. Diese Lücke können geeignete Hausaufgaben schließen.

Hausaufgaben sollen Spaß machen! Wie, bitte?

Für die naturwissenschaftlichen Fächer will ich versuchen, eine Antwort zu geben: Experimente als Hausaufgaben.

Es gibt viele empfehlenswerte Experimentierbücher für Kinder und Jugendliche. Sie haben jedoch meist zwei entscheidende Einschränkungen:

1. Die Experimente richten sich eher an jüngere Altersgruppen bis maximal zur Klassenstufe 7.
2. Die Begleittexte lassen keine Fragen offen:
   Das Experiment wird ausführlich erklärt. Eigene Gedanken muß man sich kaum noch machen.

Diese Lücken will ich mit meinen beiden Büchern schließen.[1]

Hamburg, im April 1993 *Michael Kratz*

Zur 2. Auflage

Für die 2. Auflage habe ich das Manuskript gründlich korrigiert und um einige Arbeitsblätter erweitert.

Hamburg, im Juni 1995 *Michael Kratz*

---

[1] Ein weiterer Band für das Fach Biologie befindet sich in Vorbereitung.

Gliederung des Buches

I. Einführung

1. Heimversuche als Chance:
   Welche zusätzlichen pädagogischen, didaktischen und methodischen Möglichkeiten werden verwirklicht?
2. Anlässe für Heimversuche
3. Welche Versuche eignen sich als Hausaufgabe?
4. Eine Typologie der Heimversuche
5. Wie sage ich es den Eltern?
6. Die Materialfrage
7. Nicht die kleinen Geschwister vergessen! Der Sicherheitsaspekt bei Heimversuchen
8. Muster für einen Elternbrief

II. Die Datenbank und das Register

Viele Experimente lassen sich nicht eindeutig einem Fach, einem Jahrgang oder einem Thema zuordnen, sondern können an mehreren Stellen des Unterrichts (alternativ) eingesetzt werden.

Sie unterscheiden sich im theoretischen und praktischen Niveau.

Mal sollen sie von allen, dann wieder nur von einzelnen Schülern oder Gruppen durchgeführt werden. Letzteres bietet sich besonders bei hohem Materialaufwand an.

Gelegentlich ist arbeitsteiliges Vorgehen sinnvoll.

Einige Versuche eignen sich als Basis für Referate, andere für Wettbewerbe. Weitere Experimente regen den „Erfindungsdrang" der Schüler an.

<u>Hier ist die Datenbank hilfreich:</u>
Für die oben genannten Aspekte gibt es übersichtliche Tabellen und Stichwortverzeichnisse. Die passenden Experimente können Sie schnell finden.

Da sich der Biologieband noch in Vorbereitung findet, können dessen Versuche erst in späteren Auflagen berücksichtigt werden.

Das Register hilft, Experimente gezielt nach Stichworten auszuwählen.

Zum Problem des „Copyright": Meines Wissens gibt es für Experimente keinen Urheberschutz. Natürlich habe ich nicht bei jedem Versuch das „Rad neu erfunden": Oft habe ich Anregungen der Fachliteratur entnommen. Die Versuche habe ich dann für die speziellen Anforderungen modifiziert. Selbstverständlich verweise ich auf die Quellen.

III. Die Versuche

Dieses Kapitel nimmt den größten Teil des Buches ein. Fast alle Einheiten sind als Doppelseite konzipiert:

- **RECHTS die „SCHÜLERSEITE" als Kopiervorlage**. Das Arbeitsblatt enthält
  - eine kurze Einleitung
  - eine Materialliste
  - falls erforderlich: Hinweise zur Sicherheit und zu Umweltaspekten
  - die Versuchsanleitung
  - Aufträge zur Beobachtung
  - weiterführende Fragen und Aufgaben
  - zusätzliche Tips (meist Stichworte)

- **LINKS die „LEHRERSEITE":**

  Dem Kopf sind Titel,Fach, Grobthema, Feinthemen, Jahrgangstufe, theoretisches und praktisches Niveau zu entnehmen.

  Es folgen Hinweise, an welchen Stellen des Unterrichts der Einsatz der Hausaufgabe sinnvoll ist.

  Tips zur Durchführung des Versuches, zusätzliche Hinweise zur Sicherheit, Klärung der Materialfrage, soweit sie nicht bereits in der Schülerseite enthalten sind:

  Gelegentlich zusätzliche Schulversuche, die den Heimversuch vorbereiten oder ergänzen.

  Die fachlichen Aspekte sind betont kurz formuliert. Das Buch soll Fachliteratur nicht ersetzen. Es ist nicht für Laien geschrieben.

  Als Anregung sind manchmal mögliche Beobachtungen und Vermutungen der Schüler oder auch „Merktexte" für das Heft enthalten.

Falls es mir gelungen ist, Anregungen und Hilfe für Ihren Unterricht zu geben und Sie vielleicht auch durch einige ungewöhnliche Experimente zu erfreuen, habe ich mein Ziel erreicht!

Einführung

1. Heimversuche als Chance

Innere Differenzierung - mit diesem pädagogischen Zauberwort wurden schon viele Jahrgänge von Referendaren gequält.

Auch nach mehreren Dienstjahren messen sich Lehrerinnen und Lehrer an diesem Ideal. Ist es nicht wichtig, jedem im Unterricht gerecht zu werden?

„Nicht allen das Gleiche, sondern jedem das Seine" soll geboten werden. Der „Offene Unterricht", die „Freie Arbeit" ist für die einen das Ei des Kolumbus, für andere wieder einmal eine zeit- und arbeitsaufwendige Reform, die auf dem Rücken des Personals ausgetragen wird.

Tausende von Karteikarten sind geschrieben, zahllose Wochenpläne erstellt worden. Gebrauchte Druck- und Schreibmaschinen wurden organisiert und in Klassen installiert. Kuschelecken und andere Bereiche sollen helfen, den herkömmlichen lehrerzentrierten Frontalunterricht auf ein absolut notwendiges Minimum zu reduzieren.

Zumindest in einigen Grundschulklassen, gelegentlich auch noch in den Jahrgängen 5 und 6 an weiterführenden Schulen sind bereits viele dieser Vorstellungen Wirklichkeit geworden.

Doch dann? Spätestens ab Jahrgang 8 gilt: Business as usual! Der gute, alte, gleichschrittige Frontalunterricht feiert seine Auferstehung. Das hat viele Gründe. Einer davon ist Thema dieses Buches:

In den Diskussionen über die Fächer Chemie und Physik herrscht der Tenor vor, daß allein aus Gründen der Sicherheit „freies Arbeiten" nicht möglich sei.

Diese Bedenken kann man nicht einfach beiseite schieben. Schülerinnen und Schüler, die nach dem Motto „explodierte Apotheke" willkürlich Chemikalien zusammenschütten - „Mal sehen, was passiert!" - sind auch für mich eine beunruhigende Vorstellung.

Doch auch wenn der radikal „offene Unterricht" unter den bestehenden Rahmenbedingungen (Raum-, Material- und Personalausstattung) nicht zu verwirklichen ist, sollten wir jede sinnvolle Chance für Alternativen zum herkömmlichen Frontalunterricht nutzen.

Einen Weg stellen experimentelle Hausaufgaben dar.

Besondere Möglichkeiten von Heimversuchen

- **Arbeitsteilung** (innere Differenzierung)
- Verschiedene Formen der Zusammenarbeit, z. B. **Gruppen- oder Partnerarbeit.**
- Auch **mehrstündige oder gar mehrtägige Versuche** können sinnvoll durchgeführt, beobachtet und ausgewertet werden. Die berühmt-berüchtigten vergessenen und entsprechend vergammelten Versuchsansätze („Leider ist eine Klassenreise dazwischen gekommen!") blockieren nicht mehr die enge Sammlung.
- Die Schüler/-innen stellen fest: **Auch daheim gibt es Chemie und Physik!**
- Die Jugendlichen können entsprechend ihrem **individuellen Rhythmus** arbeiten.
- Viele Versuche bieten Anlässe für **Referate oder kurze Arbeitsberichte.**
- Einige Arbeitsblätter regen zu **Wettbewerben** an.
- Andere Anleitungen sind hingegen betont offen formuliert, um **eigenständiges Forschen oder Erfinden** zu fördern.
- Die **Eltern** erleben endlich einmal interessante Hausaufgaben!
- Es kommen auch **zusätzliche Versuche** zur Geltung, die sonst aus Zeitmangel dem Rotstift geopfert würden.

2. Anlässe für Heimversuche

Wie alle Unterrichtsmethoden dürfen auch Heimversuche nicht übertrieben oft eingesetzt werden. Sie sollen Demonstrationsversuche und Schülerversuche in der Unterrichtszeit ergänzen, jedoch nicht ersetzen!

Neben den zuvor unter „Möglichkeiten von Heimversuchen" genannten Anlässen bieten sich Experimente als Hausaufgabe an, wenn ...

... eine neue Unterrichtseinheit begonnen wird.
In dieser Phase haben die Schülerinnen und Schüler noch nicht umfassende Kenntnisse vom Thema, so daß sie unbefangen und phantasievoll damit umgehen können. Es darf spekuliert werden!

... eine Unterrichtseinheit abgeschlossen wird.
Dabei handelt es sich um Versuche mit einem höheren theoretischen Schwierigkeitsgrad. Zuvor erworbene Kenntnisse müssen angewandt, zum Teil auch Transferleistungen erbracht werden.

... eine längere Sequenz durch ein „Sonderthema" aufgelockert werden soll.

... einzelne Schüler/-innen besonders begabt sind.
Dabei kann es sich um überdurchschnittliche Fachkenntnisse, manuelle Fähigkeiten, Interessen oder Kreativität handeln.

... Haushaltsgeräte und Haushaltschemikalien zum Einsatz kommen.

... durch Unterrichtsausfall oder Ausstattungsmängel ein Nachholbedarf besteht.

... bestimmte Bedingungen für das Experiment nötig sind, welche die Schule nicht bietet.
Nicht immer sind während der Unterrichtszeit bzw. im Klassenraum alle Voraussetzungen für jedes denkbare Experiment gewährleistet: trockenes oder feuchtes Wetter, Frost, Sonnenschein, Platz, viel Zeit, konstante Temperaturen (wie daheim im Keller).

3. Welche Versuche eignen sich als Hausaufgabe?

Bei der Auswahl geeigneter Versuche habe ich mich von folgenden Überlegungen leiten lassen:

- Die Versuche dürfen weder die Gesundheit noch die Umwelt belasten.
- Das Material muß preiswert und leicht verfügbar sein.
- Die Versuche dürfen nicht trivial sein. Sie sollten interessante Effekte haben.
- Die Versuchdsdauer sollte ein Minimum nicht unterschreiten, um eine intensive Auseinandersetzung mit der Thematik zu fördern.

4. Eine Typologie der Heimversuche

Die Heimversuche unterscheiden sich nach vielen Kriterien, die für den gezielten Einsatz wichtig sind.

Kriterium	Beispiele
Bietet sich **arbeitsteilige** Durchführung an?	Luft ist ein Körper
Der **Personenkreis**, der das Experiment durchführen soll: - alle - wenige - nur eine Person oder Arbeitsgruppe	 Welche Flüssigkeit verdunstet schneller? Batterie nach Parther-Art Der Bleistiftspitzer im Salzbad
Die empfohlene **Sozialform** - Einzelarbeit - Partner- oder Gruppenarbeit	 Partnerarbeit ist oft sinnvoller! Licht & Hupe
Gestaltung der Anleitung - enge Vorgaben - offene Formulierung	 Kaffee kochen Wettbewerb - Ein originelles Boot
Auswertung des Versuchs durch Protokoll vorgegebene Fragen gemeinsame Auswertung **Referat**	 Warum sind Nebelleuchten rot? Ein Joghurtbecher erinnert sich Der pH-Wert im Alltag (2) Der Bleistiftspitzer im Salzbad
Sind bei dem Experiment **längere Prozesse** zu beobachten?	Hefe lebt! Staubkarte
- hoher **Zeitbedarf** - geringer Zeitbedarf	Kaffee kochen Die zerknautschte Dose
- hoher **Materialaufwand** - geringer Materialaufwand	Elektrisch schreiben - elektrisch radieren gekoppelte Flummies
- relativ hohes **Sicherheitsrisiko** - geringes oder kein Sicherheitsrisiko	Der pH-Wert im Alltag (2) Farben aus dem „Nichts"?
Das **theoretische Niveau** - gering - mittel - hoch	 Welche Flüssigkeit verdunstet schneller? Aluminiumfolie und Papier Warum kühlt ein Eiswürfel?
Das **praktische Niveau** - gering - mittel - hoch	 Dem Urkundenfälscher auf der Spur Das Leidenfrostsche Phänomen Batterie nach Parther-Art
Hat der Versuch **Wettbewerbscharakter**?	Wer baut das tragfähigste Boot? Wer baut den stärksten Elektromagneten?
Regt der Versuch zum **Forschen** und zum **Erfinden** an?	Boot mit Wärme-Antrieb Ein Sonnenschreiber
Ist Unterstützung durch die Eltern angebracht?	Der pH-Wert im Alltag (2)
Wird **Material** vorausgesetzt, das nicht unbedingt in jedem Haushalt vorhanden ist?	Ein elektronisches Thermometer beim Versuch „Wärmedämmung"
Ist eine **bestimmte Wetterlage** Voraussetzung für das Gelingen?	Elektroskope - klassisch und modern Ein Sonnenschreiber

5. Wie sage ich es den Eltern?

Die Bedingungen, unter denen die Schülerinnen und Schüler zuhause leben, sind höchst unterschiedlich. Das ist auch für unser Thema bedeutend.

Es gibt Eltern, denen es nichts ausmacht, wenn ihr Kind mit einem Experimentierkasten in der Wohnung arbeitet. Andere wiederum regen sich schon auf, wenn ein paar verschüttete Wassertropfen die Hochglanzküche verunstalten. Zwischen diesen beiden Extremen gibt es viele Zwischenstufen.

Darauf ist auf alle Fälle Rücksicht zu nehmen. Der Familienfrieden darf durch experimentelle Hausaufgaben nicht beeinträchtigt werden. Deshalb dürfen Versuche, bei denen die Gefahr stärkerer Verschmutzung oder Beschädigung besteht, allenfalls als **freiwillige Aufgabe** gestellt werden.

Die meisten Experimente im Buch sind aber auch in dieser Hinsicht völlig harmlos.

Bei den Versuchen, die ein (vertretbares!) Risiko beinhalten, gilt es, die Eltern als Verbündete zu gewinnen. Das kann durch einen Brief an die Eltern geschehen. Einen Musterbrief finden Sie direkt nach diesem Kapitel.

Von diesen Ausnahmen abgesehen sollten die Jugendlichen die Versuche aber allein durchführen können.

6. Die Materialfrage

- Bei den weitaus meisten Versuchen kommt Material zum Einsatz, das wohl alle vorrätig haben:
  Zucker, Salz, Teelichte, Glasgefäße usw.

- Bei einigen Experimenten empfiehlt sich der Einsatz von Material und Geräten, über die erfahrungsgemäß einige, aber nicht alle Haushalte verfügen:
  Transformatoren, elektronische Digitalthermometer
  Meist können diese Geräte aber ersetzt werden. In unserem Beispiel bieten sich Batterien und Flüssigkeits-Thermometer an.

- Nur in seltenen Fällen muß die Schule helfen. Es handelt sich dann allerdings stets um harmlose und billige Chemikalien und Gegenstände, die bedenkenlos mitgegeben werden dürfen:
  Natriumcarbonat, Indikatorpapier, Rundfilter

- Ausnahmsweise und je nach Ausstattung der Sammlung können auch teurere Geräte kurzfristig verliehen werden - insbesondere dann, wenn nur eine Person oder eine Arbeitsgruppe den Versuch ausführt:
  Vielfach-Meßinstrumente, Meßzylinder

- Oft empfiehlt es sich aus Kostengründen und Effektivität, für die Schülerinnen und Schüler Material zu besorgen, um es zu verteilen.
  So ist es wohl wenig sinnvoll, wenn sich jeder einzelne Schüler für das Experiment „Natürliche Indikatoren" einen ganzen Kopf Rotkohl kauft!

- Wird bei einem Versuch teures Material verschlissen (z. B. ein Spitzer mit Aluminiumgehäuse bei „Ein Bleistiftspitzer im Salzbad"), so sollte nur eine Person mit der Durchführung betraut werden, die anschließend referiert!
  Im o. g. Beispiel stellt die Schule den Spitzer zur Verfügung!

Keiner der Versuche wird an Kosten scheitern oder daran, daß sich das Material nicht besorgen läßt.

7. Nicht die kleinen Geschwister vergessen! Der Sicherheitsaspekt

Von wenigen Ausnahmen abgesehen gehen von den Versuchen keine Risiken aus, die der Alltag nicht sowieso mit sich bringt.

Natürlich kann im Extremfall durch ungeschicktes Hantieren mit einem Teelicht die Wohnung in Brand gesteckt werden. Und Essigessenz, ins Auge geschüttet, ist bestimmt nicht angenehm.

Dennoch ist ein Konflikt mit der „TRGS" (Gefahrstoffverordnung) kaum zu befürchten:

- Es kommen ausschließlich Stoffe zum Einsatz, die durch die Kanalisation oder durch Verdunstenlassen im Freien (z. B. Brennspiritus) entsorgt werden können.
- Wenn die Schüler nicht gerade auf die abwegige Idee kommen, Rohrreiniger zu essen, besteht keine ernsthafte Vergiftungsgefahr.

Auf einige „Knackpunkte" will ich hier exemplarisch hinweisen:

Versuch	Risiko	Verringerung des Risikos	Warum der Versuch dennoch durchgeführt werden darf
Der pH-Wert im Alltag (2)	**Verätzung** durch Abfluß-Reiniger, Gefahr durch unkontrolliertes Mischen von Haushaltschemikalien	Unterstützung durch Eltern (Elternbrief!), Sicherheitshinweise, genaue Vorgaben	Die genannten Haushaltschemikalien können sogar Kleinkinder kaufen. Aufklärerische Wirkung: So gefährlich sind manche Stoffe, die man zuhause hat!
Hefe lebt!	**Alkoholkonsum**	Die Eltern informieren, Versuch auf freiwilliger Basis	Daß Alkohol existiert bedeutet noch lange nicht, daß er getrunken werden muß!
Teichlupe	**Schnittverletzungen** am Dosenrand	Hinweise an Schüler	Dann dürfte an Schüler auch keine Erdnußdose mehr verkauft werden.
Die zerknautschte Dose	**Feuergefahr** (bei extrem ungeschickten oder leichtsinnigen Verhalten)	Sicherheitshinweise, Aufsicht durch Eltern	Einem Achtklässler ist durchaus zuzutrauen, mit einem Teelicht umgehen zu können.
Ein Sonnenschreiber	**Feuergefahr** durch ein Brennglas	Sicherheitshinweise, Versuch auf unbrennbarer Unterlage durchführen	Dürfen keine Lupen mehr an Kinder und Jugendliche verkauft werden?
Die Wasserrakete Solare Destillationsanlage	**Beschädigung fremden Eigentums**	Hinweise auf dem Arbeitsblatt	Die Wirkung ist die eines ins Fenster geschossenen Fußballs!

Trotz der in der rechten Spalte genannten Argumente gilt: Sicherheitsaspekte sind sehr ernst zu nehmen. Lieber ein Hinweis zuviel als zuwenig.

Der Hinweis auf **kleinere Geschwister** ist kein Scherz. Die Schülerinnen und Schüler sind auf dieses Problem besonders hinzuweisen. Man soll es aber auch nicht übertreiben. Streng genommen dürfte sonst in Haushalten mit kleinen Kindern nicht gekocht, keine Kerze angezündet werden und keine Spülmittelflasche herumstehen!

Und nun wünsche ich viel Freude und Erfolg bei der Durchführung der Versuche!

, den

Liebe Eltern!

„Experimente als Hausaufgabe? Das hat uns gerade noch gefehlt - ein Labor in der Küche oder im Wohnzimmer! Können die Versuche nicht dort durchgeführt werden, wo es sinnvoll ist: Im Chemie- oder Physikraum der Schule?“

So oder so ähnlich denken Sie vielleicht, wenn Ihr Sohn oder Ihre Tochter zum erstenmal mit einer experimentellen Hausaufgabe beschäftigt ist.

Machen Sie sich jedoch bitte keine unnötigen Sorgen - die Versuche sind so ausgewählt, daß eigentlich nichts passieren kann. Es kommen - bis auf eine Ausnahme[1] - nie giftige oder explosive Chemikalien zum Einsatz, mit offenem Feuer oder hoher elektrischer Spannung wird Ihr Kind nicht hantieren.

Sie brauchen auch nicht zu befürchten, als unbezahlte Nachhilfelehrer ausgenutzt zu werden. Die Arbeitsblätter sind so gestaltet und im Unterricht besprochen worden, daß keine Probleme mehr auftauchen dürften. Es spricht allerdings nichts dagegen, wenn auch Sie sich am Experimentieren beteiligen - Sie werden überrascht sein, wieviel Ihr Haushalt mit Chemie und Physik zu tun hat!

Damit bin ich bei dem entscheidenden Motiv für Heimversuche angelangt. Naturwissenschaften finden für die meisten Menschen nur im Labor oder im Schulunterricht statt. Den wenigsten Schülerinnen und Schülern ist bewußt, auch und gerade im Alltag davon umgeben zu sein.

Kurz gesagt: Vielleicht gelingt es durch experimentelle Hausaufgaben, die künstliche Trennung zwischen Labor und Alltag zu verringern und damit ein besseres Verständnis für naturwissenschaftliche Vorgänge zu bewirken.

Mit freundlichen Grüßen

---

[1] Falls Ihr Kind ausnahmsweise einmal aggressive Chemikalien wie z. B. Abflußreiniger untersuchen soll, werden Sie in einem Brief informiert.

Die Datenbank und die Kopfleisten

Die Datenbank besteht aus einer Tabelle mit 11 Spalten. Die darin enthaltenen Wertungen sind zwangsläufig subjektiv und sollen nur eine erste Orientierung bieten.

Die Kopfleiste der Lehrerseiten enthält darüber hinaus Symbole, die ich an dieser Stelle erläutere.

Spalte	Erklärung
Signum	Das Signum ist identisch mit dem des Inhaltsverzeichnisses.
ab Klasse	Der Versuch eignet sich frühestens ab der hier genannten Jahrgangsstufe.
praktisches Niveau	Wie schwer ist es, den Versuch durchzuführen?
geforderte Selbständigkeit	Ist der Ablauf stark vorstrukturiert (-) oder offen gestaltet (+)?
theoretisches Niveau	Wie schwierig ist die Interpretation der Beobachtungen bzw. die Beantwortung der Fragen?
Adressaten	Soll der Versuch von allen oder nur von einzelnen Schülerinnen bzw. Schülern durchgeführt werden? Empfiehlt sich Arbeitsteilung?
Materialaufwand	Muß besonderes Material beschafft werden? Wird besonders vielfältiges oder teures Material gebraucht?
Zeit **Aufgabe / Versuch**	Wie lange wird in etwa für die Versuchsdurchführung und das Protokoll gebraucht? Wieviel Zeit nimmt die Bearbeitung der Aufgaben in Anspruch?
Besonderheiten **Versuchstyp** **Möglichkeiten**	Hier werden die typischen Eigenschaften und Möglichkeiten des Versuches genannt: - Wird das Forschen, Erfinden, Konstruieren gefördert? - Steht das Auswerten von Meßreihen im Vordergrund? - Werden Transferleistungen erwartet?
Arbeitsform	Jeder Versuch ist auch als Partnerarbeit geeignet. In der Tabelle werden nur die Versuche mit *Partner* oder *Kleingruppe* gekennzeichnet, bei denen sich diese Arbeitsform besonders empfiehlt oder gar Voraussetzung zum Gelingen ist.
Eignung für ein Referat	Bietet der Versuch die Möglichkeit, ein umfangreicheres Referat oder Kurzberichte auszuarbeiten?
	Die Anzahl der Fragezeichen in der **Kopfzeile** gibt Auskunft über das theoretische Niveau. 1 = niedrig, 2 = mittel, 3 = hoch Ein weißes Fragezeichen steht für 0,5 Punkte.
	Die Anzahl dieser Symbole in der **Kopfzeile** zeigt, wie hoch die praktischen Anforderungen sind. 1= einfach, 2 = mittel, 3 = kompliziert Das gerasterte Symbol steht für 0,5 Punkte.

Chemie: Anfangsunterricht / Stoffgemische

Signum	ab Klasse	prakt. Niveau	geforderte Selbständigkeit	theor. Niveau	Adressaten	Materialaufwand	Zeit Versuch / Aufgabe	Besonderheiten Versuchstyp	Arbeitsform	Eignung für Referat
Anf 1	7	2	0	5	alle	2	mehrere Stunden	Messen Rechnen	einzeln arbeitsteilig	+
Anf 2	7	4	-	3	alle	5	10 Minuten 20 Minuten	Nachdenken Interpretieren	einzeln	-
Anf 3	7	5	-	6	alle	5	15 Minuten, beobachten	Vergleichen	einzeln	-
Gem 1a	9	5	0	4	alle	4	20 Minuten 30 Minuten		einzeln	0
Gem 1b	9	5	0	4	alle	4	20 Minuten 30 Minuten		einzeln	0
Gem 2	9	6	0	3	alle	5	20 Minuten 20 Minuten		einzeln, ggf. arbeitsteilig	0
Gem 3	7	6	0	6	alle	5	20 Minuten, beobachten	Vergleichen	einzeln, ggf. arbeitsteilig	0
Gem 4	7 / 9	5 / 3	0 / +	5 / 3	alle	3 / 2	20/30 Min. 10/30 Min.	Forschen Interpretieren	einzeln	0 / +
Gem 5	7	3	+	4	alle	3	1 Stunde 40 Minuten	Forschen Konstruieren	Partner oder Kleingruppe	+
Gem 6	7	3	+	3	alle	2	40 Minuten 30 Minuten	Forschen	einzeln oder Partner	+
		1 - 6 hoch gering	+ 0 - hoch gering	1 - 6 hoch gering		1 - 6 hoch gering				+ = gut 0 = bedingt - = nicht geign.

Chemie: Umwelt / Atombau / Analyse / Redox

Signum	ab Klasse	prakt. Niveau	geforderte Selbständigkeit	theor. Niveau	Adressaten	Materialaufwand	Zeit Versuch / Aufgabe	Besonderheiten Versuchstyp	Arbeitsform	Eignung für Referat
Um 1	8	3	0	5	alle	2	langfristige Beobachtg.	Langzeit-Versuch	einzeln, ggf. arbeitsteilig	+
Um 2	7	2	0	6	alle	6	langfristige Beobachtg.	Langzeit-Versuch	einzeln	0
At 1	9	3	0	2	alle	1	20 Minuten 30 Minuten	Interpretieren	einzeln	+
At 2	8	2	0	2	alle	6	10 Minuten 30 Minuten	Modelldenken Rechnen	einzeln	+
At 3	9	3	+	1	Referent	4	langfristige Beobachtg.	Fehleranalyse Forschen	einzeln oder Partner	+
Ana 1	8	4	0	3	alle	4	30 Minuten 30 Minuten	Forschen	einzeln, ggf. arbeitsteilig	0
Ana 2	7	6	0	3	alle	6	10 Minuten 60 Minuten	Forschen Interpretieren	einzeln	0
Red 1	7	4	0	5	alle	5	langfristige Beobachtg.	Langzeitversuch Forschen	einzeln	+
		1 - 6 hoch gering	**+ 0 -** hoch gering	**1 - 6** hoch gering		**1 - 6** hoch gering				+ = gut 0 = bedingt - = nicht geign.

Chemie: Elektrochemie / Säuren, Laugen, Salze

Signum	ab Klasse	prakt. Niveau	geforderte Selbständigkeit	theor. Niveau	Adressaten	Materialaufwand	Zeit Versuch / Aufgabe	Besonderheiten Versuchstyp	Arbeitsform	Eignung für Referat
El 1	9	3	0	6	alle oder Referent	3	40 Minuten 60 Minuten	Interpretieren Literaturarbeit	einzeln	+
El 2	9	5	+	5	alle oder Referent	3	60 Minuten 60 Minuten	Forschen Interpretieren	einzeln oder Partner	+
El 3	9	3	+	5	alle	2	60 Minuten 40 Minuten	Interpretieren Transfer	einzeln	0
El 4	9	4	0	5 / 6	alle	5	langfristige Beobachtung	Langzeitversuch innere Differenz.	einzeln	+
El 5	9	6	0	6	Referent	5	mittelfristige Beobachtung	Literaturarbeit Transfer	einzeln	++
SL 1	9	3	0	3	alle	5	30 Minuten 30 Minuten	Erforschung der Umwelt	einzeln	0
SL 2	7	4	+	4	alle	2	60 Minuten 20 Minuten	Erforschung der Umwelt	einzeln	0
SL 3a	9	3	0	3	alle	5	30 Minuten 10 Minuten	Meßreihen durchführen	einzeln	-
SL 3b, 3c	9	3	+	3	alle	2	variiert stark	Erforschung der Umwelt	einzeln arbeitsteilig	+
		1 - 6 hoch gering	+ 0 - hoch gering	1 - 6 hoch gering		1 - 6 hoch gering				+ = gut 0 = bedingt - = nicht geign.

Chemie: Organische Chemie / Diverses

Signum	ab Klasse	prakt. Niveau	geforderte Selbständigkeit	theor. Niveau	Adressaten	Materialaufwand	Zeit Versuch / Aufgabe	Besonderheiten Versuchstyp	Arbeitsform	Eignung für Referat
OC 1a	9	3	+	2	alle	2	langfristige Beobachtung	Langzeit-Versuch	einzeln	+
OC 1b	9	3	0	4	alle	3	30 Minuten 30 Minuten	analysieren untersuchen	einzeln	0
OC 1c	9	3	+	2	alle oder Referent	2	40 Minuten 1-2 Stunden	Forschen Literaturarbeit	einzeln	+
Div 1	9 / 10	4	+	1	alle oder Referent	1	mehrere Stunden	Forschen Transfer	einzeln	++
Div 2	8	4	0	4	alle	5	variiert stark	Messen	einzeln	-
Div 3	9 / 10	5	0	1	Referent	6	10 Minuten variiert	naturwissensch. Denken	einzeln	++
		1 - 6 hoch gering	+ 0 - hoch gering	1 - 6 hoch gering		1 - 6 hoch gering				+ = gut 0 = bedingt - = nicht geign.

Physik: Akustik / Elektrik

Signum	ab Klasse	prakt. Niveau	geforderte Selbständigkeit	theor. Niveau	Adressaten	Material-aufwand	Zeit Versuch / Aufgabe	Besonderheiten Versuchstyp	Arbeitsform	Eignung für Referat
Ak 1	8	3	+	5	alle	3	40-80 Minuten	Versuch im realist. Maßstab	Partner oder Kleingruppe	0
Ak 2	10	5	+	6	Referenten	6	20-40 Min. 1-2 Stunden	Literaturarbeit innere Differenz.	Partner	++
E 1	7	3	+	4	alle	5	30 Minuten 40 Minuten	Forschen Wettbewerb	einzeln	0
E 2	9	3	0	2	alle oder Referenten	3	30 Minuten 1-2 Stunden	komplexer Vers. Literaturarbeit	einzeln	+
E 3	8	4 / 2	+	3	alle	5 (klass.) 2 (modern)	1 Stunde 20 Minuten	Konstruieren Transfer	einzeln	0
E 4	9	3	+	2	alle arbeitsteilig	3	variiert stark	Messen Rechnen	einzeln	+
E 5a	9 / 10	3	+	2	alle	2	variiert stark	Komstruieren Messen	einzeln	-
E 5b	9 / 10	2	++	2-4	alle, ggf. arbeitsteilig	1	variiert stark	Forschen Selbständigkeit	einzeln	++
		1 - 6 hoch gering	+ 0 - hoch gering	1 - 6 hoch gering		1 - 6 hoch gering				+ = gut 0 = bedingt - = nicht geign.

Physik: Magnetismus / Mechanik

Signum	ab Klasse	prakt. Niveau	geforderte Selbständigkeit	theor. Niveau	Adressaten	Materialaufwand	Zeit Versuch / Aufgabe	Besonderheiten Versuchstyp	Arbeitsform	Eignung für Referat
Mag 1	7	5	+	2	alle	4	45 Minuten 40 Minuten	Erforschen der häusl. Umgebung	einzeln	+
Mag 2	7	5	0	2	alle	5	30 Minuten 30 Minuten	Prinzipien	einzeln	0
Mec 1	9	3	0	2	alle	5	30 Minuten 30 Minuten	Messen Interpretieren	einzeln	0 / +
Mec 2	8	4	+	3	alle	6	30 Minuten 30 Minuten	Forschen Transfer	einzeln	+
Mec 3	8 / 10	5	0	2	alle	4	40 Minuten variiert	Rechnen Wettbewerb	einzeln	0
Mec 4	9	3	0	2	alle	4	variiert stark	Nachdenken Konstruieren	einzeln	0 / +
Mec 5	5	5	+	3-4	alle arbeitsteilig	5	insgesamt 20-40 Min.	Arbeitsteilung Kurzreferate	Kleingruppen	Kurz- berichte
Mec 6	7	4	0	3-4	alle	5	10 Minuten 1 Stunde	Genaue Beob. alltägl. Vorgänge	einzeln	+
Mec 7	7	2-3	+	3-4	alle	3	40-80 Min. 30 Minuten	Konstruieren Forschen	einzeln oder Partner	+
Mec 8	7	divers	++	divers	alle arbeitsteilig	divers	variiert stark	Kreativität, Erfinden, Wettbewerb	einzeln	Kurz- berichte
		1 - 6 hoch gering	**+ 0 -** hoch gering	**1 - 6** hoch gering		**1 - 6** hoch gering				+ = gut 0 = bedingt - = nicht geign.

Physik: Optik

Signum	ab Klasse	prakt. Niveau	geforderte Selbständigkeit	theor. Niveau	Adressaten	Materialaufwand	Zeit Versuch / Aufgabe	Besonderheiten Versuchstyp	Arbeitsform	Eignung für Referat
Op 1	9	1	+	3	alle oder Referent	2	variiert	Konstruieren Langzeitversuch	einzeln	+
Op 2	8	5	0	2	alle	5	1 Stunde 20 Minuten	Überraschung komplexer Vers.	einzeln	0
Op 3	9	2	+	2	alle oder Referent	6	20 Minuten variiert	Überraschung Literaturarbeit	einzeln	++
Op 4	7	4	0	3	alle	5	variiert 30 Minuten	Transfer Forschen	einzeln	0
Op 5	10	4	0	1	alle oder Referent	3	variiert stark	Literaturarbeit innere Differenz.	einzeln	+
Op 6	8	4	0	3	alle	3	15 Minuten 20-40 Min.	Literaturarbeit komplexer Vers.	einzeln	+
		1 - 6 hoch gering	+ 0 - hoch gering	1 - 6 hoch gering		1 - 6 hoch gering				+ = gut 0 = bedingt - = nicht geign.

Physik: Wärmelehre

Signum	ab Klasse	prakt. Niveau	geforderte Selbständigkeit	theor. Niveau	Adressaten	Materialaufwand	Zeit Versuch / Aufgabe	Besonderheiten Versuchstyp	Arbeitsform	Eignung für Referat
W 1	9	5	0	1	alle oder Referent	3	30 Minuten 40 Minuten	Messen Interpretieren	einzeln	+
W 2	10	2	0	2	alle	3	1 Stunde 40-60 Min.	Messen Interpretieren	einzeln	0 / +
W 3	7	3	0	3	alle	3	insgesamt 2 Stunden	Auswertung von Meßreihen	einzeln	0 / +
W 4	6	4	0	3	alle	5	40 Minuten 1 Stunde	Interpretieren Transfer	einzeln	0 / +
W 5	7	4	+	4	alle	5	1 Stunde 40 Minuten	Forschen	einzeln	0 / +
W 6	7	3	+	2	alle	5	1-2 Stunden 30 Minunten	Konstruieren Forschen	einzeln	0
W 7	7	4	0	4	alle, ggf. arbeitsteilig	3	variiert stark	Konstruieren Messen	einzeln	+
W 8	9	4	0	1	alle oder Referent	4	variiert stark	Messen Transfer	einzeln	+
W 9	7	3	0	2	alle	2	variiert stark	Konstruieren Interpretieren	einzeln	+
W 10	7	5	0	3	alle	5	30 Minuten 20 Minuten	Begründen graph. auswerten	einzeln Partner	+
		1 - 6 hoch gering	+ 0 - hoch gering	1 - 6 hoch gering		1 - 6 hoch gering				+ = gut 0 = bedingt - = nicht geign.

Register

Register

Der Band „Biologie“ befindet sich noch in Vorbereitung.
Bei neuen Auflagen wird das Register aktualisiert.

C - Ana 1 Chromatographie mit Kreide

Chemie	ab 8	Stoffgemische Analyse	Chromatographie		
Fach	*Klasse*	*Grobthema*	*Feinthema*	*theoret. Niveau*	*prakt. Niveau*

Position des Versuches im Unterricht

Besonders reizvoll sind Versuche, wenn sie mit einfachen und billigen Mitteln anspruchsvolle wissenschaftliche Methoden verdeutlichen.

Dazu gehört die später vorgestellte Chromatographie mit Filterpapier (C-Ana 2). Auf dieser Doppelseite wird die Säulen-Chromatographie mit Tafelkreide durchgeführt.

Wenn die Schüler wissen, daß es für jeden Farbstoff ein optimales Lösungsmittel gibt, werden sie die Beobachtungen leichter interpretieren können. Diese Kenntnis ist jedoch keine unabdingbare Voraussetzung für das Gelingen des Versuches; die Feststellung, daß scheinbar homogene Farbstoffe durchaus mehrere Komponenten haben können, ist für den Anfangsunterricht des Faches Chemie hinreichend.

An dieser Stelle bietet sich an, auf die Problematik *Lebensmittel-Zusatzstoffe* (insbesondere *Farbstoffe*) einzugehen.

Fachlicher Hintergrund

Eine Einführung in die Theorie der Chromatographie würde den Rahmen dieses Buches sprengen. In der Fußnote erwähne ich ein empfehlenswertes, weiterführendes Werk.[1]

Die Versuche

Selbstverständlich gibt es wesentlich geeignetere Fließ- und Lösungsmittel als Brennspiritus.

Ich muß jedoch die Sicherheitsaspekte berücksichtigen und habe festgestellt, daß mit Spiritus für unsere Zwecke befriedigende Ergebnisse erreicht werden können, wenn man keine allzu hohen Ansprüche stellt. So sind z. B. eine grüne und eine gelbe Farbzone bei Blattgrün (Chlorophyll und Xanthophyll) deutlich sichtbar.

Feuerzeugbenzin und Aceton („Nagellackentferner") sind zwar relativ harmlose Lösungsmittel, bereiten aber Probleme bei der Entsorgung - zumindest zuhause.

Auswertung der Schülerarbeiten

Die Schüler stellen ihre Kreide-Chromatogramme im Unterricht vor.

Nach der Diskussion werden die Ergebnisse im Heft festgehalten. Ich empfehle, beschriftete Zeichnungen anzufertigen.

Es bietet sich an, ihre Vorschläge bezüglich anderer Lösungsmittel bzw. Lösungsmittelgemische aufzugreifen und als Ergänzungsversuch in der Schule durchzuführen.

Nun kann auch der Unterschied zwischen Lösungsmittel und Fließmittel herausgearbeitet werden.

Weitere interessante Stoffe für Chromatographie-Versuche:

- Lebensmittelfarben (Bonbons, Gummi-Bärchen, Brausepulver)
- Natürliche Farbstoffe in Lebensmitteln (Curry, Karotten, Rote Beete, Heidelbeeren, Tee, Kaffee)
- diverse Tinten

---

[1] Adalbert WOLLRAB: Chromatographie. Aulis Verlag, Köln 1991 ISBN 3-7614-1402-1

Name:	Fach:	Klasse:	Datum:

Chromatographie mit Kreide

C - Ana1

„Chromatographie“ ist griechisch und bedeutet „Farbschreiberei“. Sie ist eine wichtige und sehr empfindliche Nachweismethode für Stoffe in Gemischen. Die genaueste Methode - die Gas-Chromatographie - erfordert Geräte, die weit über DM 10000,- kosten.
Hier lernst Du eine Form der Säulen-Chromatographie kennen, die sogenannte „Kreide-Chromatographie“. Das Werkzeug: Ein Stück Tafelkreide!
Auf dieser Seite werden zwei Versuche ausführlich vorgestellt: Die Chromatographie von Blattfarbstoffen und von Paprika-Farbstoffen.
Mit etwas Phantasie und Geschick kannst Du aber auch viele weitere Chromatogramme anfertigen. Curry, Lebensmittel-Farbstoffe (z. B. von Bonbons oder Brausepulver), Tomaten-Ketchup, Säfte von verschiedenen Früchten sind interessante Versuchsobjekte.

Material	**Hinweise zur Sicherheit und zur Entsorgung**
◆ Blätter von Laubbäumen oder Gras ◆ Paprikapulver ◆ Brennspiritus ◆ Wasser ◆ feiner, sauberer Sand ◆ Schere ◆ weiße Tafelkreide ◆ Untertassen	**Brennspiritus ist feuergefährlich! Gebrauchte Reste kannst Du auf dem Balkon oder außen auf dem Fensterbrett verdampfen lassen!**

Versuch 1: Chromatographie von Blattgrün oder Grasfarbstoff

Eine Handvoll **Blätter** oder **Gras** einer Sorte wird mit einer Schere kleingeschnitten und in einer Untertasse gemeinsam mit ein wenig **Brennspiritus** und etwas **Sand** zerrieben.
Je weniger Brennspiritus Du benutzt, desto kräftiger wird der Farbextrakt.
In die grüne Lösung stellst Du ein weißes Stück Tafelkreide.

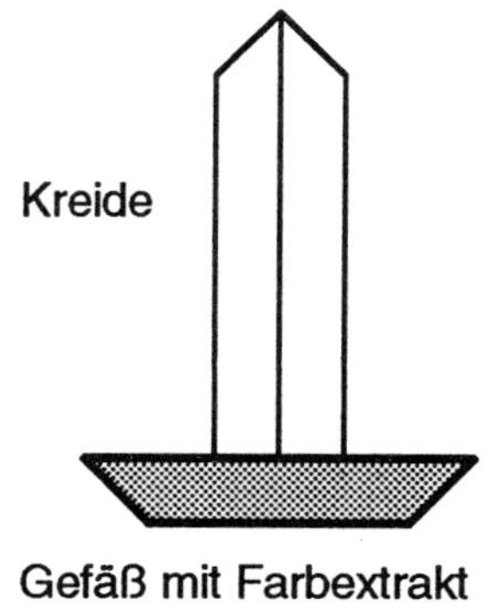

Beobachtung: ....

....

....

Versuch 2: Chromatographie von Paprika-Farbstoff

Es besteht nur ein Unterschied zu Versuch 1: Anstelle der Blätter bzw. Gräser benutzt Du Paprikapulver (am besten „edelsüßen“ Rosenpaprika).

Beobachtung: ....

....

....

1. Wiederhole die Versuche, verwende aber anstelle des Spiritus Wasser. Was beobachtest Du? Wie erklärst Du Dir das abweichende Ergebnis?
2. Überlege, welche Lösungsmittel außer Spiritus und Wasser sinnvoll sein könnten!

C-Ana 2 Dem Urkundenfälscher auf der Spur

Chemie	ab 7	Stoffeigenschaften Analyse	Papier-Chromatographie	??	
Fach	*Klasse*	*Grobthema*	*Feinthema*	*theoret. Niveau*	*prakt. Niveau*

Position des Versuches im Unterricht

Der Versuch eignet sich für den Anfangsunterricht des Faches Chemie während der Unterrichtseinheit „Reinstoffe und Stoffgemische".

Die Schüler wissen bestimmt aus dem Kunstunterricht, daß durch Mischen von Gelb und Blau die Farbe Grün entsteht.

Dennoch werden sie überrascht sein, wenn sie erkennen, daß auch schwarze Tinten aus mehreren Komponenten bestehen können!

Fachlicher Hintergrund

Die Grundlagen für die Chromatographie hat im 19. Jahrhundert der Chemiker FRIEDLIEB FERDINAND RUNGE erarbeitet.[1]

Den Engländern MARTIN und SYNGE gelang es 1952, mit dem Verfahren der Papierchromatographie die Zusammensetzung von Eiweißen zu ermitteln; sie erhielten dafür den Nobelpreis für Chemie.

Bei unserem Verfahren wird ausgenutzt, daß unterschiedliche Substanzen unterschiedlich hydrophil bzw. lipophil sind (je nach Fließmittel). Demzufolge werden z. B. beim Einsatz von Wasser die stärker hydrophilen Teilchen weiter transportiert als die schwächer hydrophilen. Dadurch kommt es zu einer Trennung der Stoffgemische.

Das Fließmittel selbst breitet sich durch die Kapillarwirkung der Papierfasern aus.

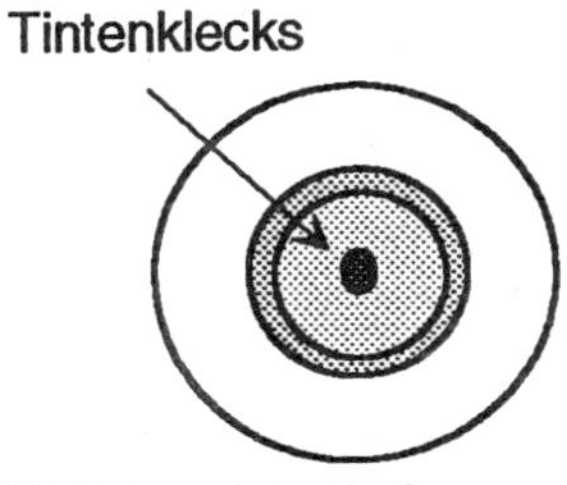

Mögliches Ergebnis ines Chromatogrammes

Der Versuch

Die Durchführung dürfte die Schüler nicht überfordern. Bei der Untersuchung wasserfester Tinten sind die Sicherheits- und Entsorgungsaspekte zu betonen!

Die Ergebnisse sind oft hübsch anzuschauen. Besonders überrascht, daß schon kleine Punkte von Kugelschreibertinte für die Herstellung eindeutiger Chromatogramme genügen.

Mögliche Beobachtungen und Vermutungen

Die Schüler werden leicht erkennen, daß die meisten Tinten aus mehreren Komponenten bestehen.

Die unterschiedliche Ausbreitung auf dem Papier werden sie auf unterschiedliche Teilchengröße zurückführen. Ob man verantworten kann, die unkorrekte Vermutungen dieser Altersstufe auf sich beruhen zu lassen, hängt von der Lerngruppe ab.

Findige Schüler kommen auch auf die Idee, andere Farbstoffe (z. B. von Paprika) oder farbige Getränke (Cola, Limonaden, Bier, Kaffee, Rotwein...) zu untersuchen. Soweit dies nicht schon zuhause geschehen ist, können die entsprechenden Versuche in der Schule nachgeholt werden. Für das Beispiel *Paprika* stehen zwei weitere Arbeitsblätter (C-Gem 1a und 1b) zur Verfügung.

Ergebnis (Merktext)

Chromatographie

Durch Chromatographie kann untersucht werden, ob ein Stoff ein Reinstoff oder ein Gemisch ist.
Die einzelnen Bestandteile des Gemisches werden dabei getrennt.

---

[1] Das reizvolle Buch von HARSCH und BUSSEMAS: „Bilder, die sich selber malen" (DUMONT-Verlag, Köln 1985, leider vergriffen) informiert ausführlich über RUNGE und enthält viele Versuche, bei denen es allerdings weniger um Analysen als um Reaktionen zwischen verschiedenen Stoffen geht.

Name:	Fach:	Klasse:	Datum:

Dem Urkundenfälscher auf der Spur (1)

C - Ana 2

Manche Betrüger versuchen, den eingetragenen Scheckbetrag durch Anhängen einer oder mehrerer Nullen zu ihren Gunsten aufzuwerten.
Falls sie dabei den Fehler machen, einen Filzstift oder Kugelschreiber gleicher Farbe zu verwenden, deren Tinte aber ein anderes Rezept hat, kann die Fälschung mit einfachen Mitteln nachgewiesen werden.
Unter Umständen kann auch bei Wand- und Tischschmierereien zumindest das Fabrikat des „Tatwerkzeuges" ermittelt werden.
Du findest hier zwei Versuchsanleitungen vor:

Versuch 1: **Für wasserlösliche Tinten** (viele Filzstifte, Füllfederhalter)
Versuch 2: **Für wasserfeste Tinten** (Filzstifte, deren Farbe auf allen glatten Flächen haftet; Kugelschreiber)

Material für wasserlösliche Tinten	Material für wasserfeste Tinten	Hinweise zur Sicherheit
◆ schwarze Filzstifte verschiedener Fabrikate; eventuell zusätzlich auch andere Farben ◆ Trinkglas mit Wasser ◆ Pro Versuch 1 1/2 Rundfilter - Papiere (Durchmesser 7 cm)	◆ verschiedene Kugelschreiber ◆ verschiedene „wasserfeste Filzstifte" ◆ kleines Schnapsglas ◆ Aceton (Nagellackentferner) ◆ Brennspiritus ◆ Tinte	**Aceton und Brennspiritus sind feuergefährlich.** **Mit Aceton sollte nur bei guter Lüftung gearbeitet werden!!!** **Nur kleine Mengen verwenden!** **Reste im Freien verdampfen lassen.** **Die Gläser sind nach dem Versuch gründlich zu spülen.**

Beide Versuche:

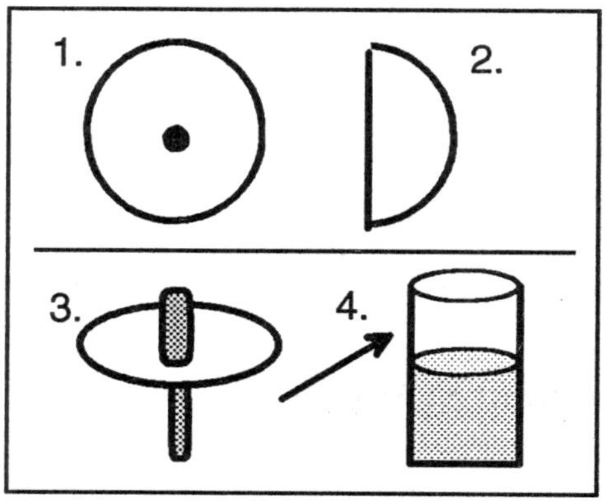

1. Zeichne auf die Mitte eines Rundfilters mit der zu untersuchenden Tinte einen großen Punkt und bohre mit dem selben Schreibwerkzeug ein ca. 3 mm dickes Loch.

2. Teile ein weiteres Filterpapier in zwei Hälften.

3. Wickle die eine Hälfte zu einem Docht und stecke ihn durch das Loch, so daß eine Art „Pilz" entsteht.

4. Stelle den „Pilz" in das Gefäß mit der Flüssigkeit (siehe folgende Versuche) und beobachte über mehrere Minuten.

Versuch 1:

Mit drei Rundfiltern und zwei Gläsern kannst Du zwei Tintenarten gleichzeitig vergleichen.
Benutze für das erste Mal zwei schwarze Filzstifte unterschiedlicher Fabrikate (pro Filterpapier nur eine Sorte!) und führe den Versuch wie oben beschrieben durch.

Beobachtung: ....

....

....

Nun kannst Du nach Lust und Laune andere Farben ausprobieren!

Fortsetzung ► nächstes Blatt!

Name:	Fach:	Klasse:	Datum:

Dem Urkundenfälscher auf der Spur (2)

C- Ana 2

Versuch 2: **Beachte die Sicherheitshinweise auf Blatt 1! Laß Dir von Deinen Eltern helfen!**

Jetzt kannst Du die Kugelschreibertinten unterschiedlicher Fabrikate vergleichen.
Die Durchführung ist die gleiche wie beim ersten Versuch bis auf **zwei Unterschiede:**

1. Benutze aus Gründen der Sparsamkeit und des Umweltschutzes nur **kleine Gläschen** (ca. 0,02 Liter).
2. Probiere zuerst, ob der Versuch mit **Brennspiritus** klappt.
   Nur bei Mißerfolg solltest Du Aceton (= Nagellackentferner) verwenden.

Beobachtung: ....

....

Du kannst die Rundfilter (ohne Docht) trocknen lassen und in Dein Chemieheft kleben.

1. Was sagt Dir der Versuch über die Zusammensetzung der Tinten?
2. Welche Eigenschaft haben vermutlich die Teilchen der Farbstoffe, die am weitesten kommen?
3. Welche Substanzen außer Tinten könnten mit dieser Methode untersucht werden?

Antwort zu Frage 1:

....

....

....

Antwort zu Frage 2:

....

....

....

Antwort zu Frage 3:

....

....

C - Anf 1

Wasser in der Nahrung

Chemie	ab 7	Wasser	Verbreitung des Wassers		
Fach	*Klasse*	*Grobthema*	*Feinthema*	*theoret. Niveau*	*prakt. Niveau*

Position des Versuches im Unterricht

Die Bedeutung von Wasser ist Thema im ersten Jahr des Chemieunterrichtes. Der hier vorgestellte Versuch unterstreicht die Tatsache, daß Wasser auch dort zu finden ist, wo man es nicht vermutet, so z. B. in „trockenen“ Nahrungsmitteln wie Knäckebrot oder Nüssen.

2. Fachlicher Hintergrund

Hier einige typische Werte für **Wassergehalt von Nahrungsmitteln**:[1]

Lebensmittel	Wasser-anteil (ca.)		Lebensmittel	Wasser-anteil (ca.)
Zucker	0,5 %		Äpfel	85 %
Zwieback, Knäckebrot	5 - 10 %		Karotten	88 %
frisches Brot	bis 50 %		Tomaten	94 %
Kartoffeln	75 %		Zitrusfrüchte	90 %
Reis (ungekocht)	12 %		Wassermelonen	95 %
Milch (je nach Fettgehalt)	85 - 90 %		Gurken	98 %
Pilze	90 %		Zwiebeln	88 %
Fleisch	70 %			

Der Versuch

Auf dem Schülerblatt befinden sich Vorschläge zum sparsamen Einsatz von Lebensmitteln und Energie bei der Versuchsdurchführung.

Zusätzlich empfiehlt es sich, die Versuche als Partner- oder Gruppenarbeit durchführen zu lassen.

Die eingesetzten Waagen sollten eine Meßgenauigkeit von 1 g aufweisen. Bei den verbreiteten Haushalts- und Briefwaagen ist das meist gewährleistet.

Auswertung / Beantwortung der Fragen

Die Ergebnisse der Gruppen werden zusammengefaßt und mit den „offiziellen“ Werten aus Tabellen verglichen.

zu 1.: Außer Wasser können auch andere Stoffe (z. B. Aromastoffe) verdampfen. Der Effekt ist aber zu vernachlässigen.

zu 2.: Trocknen von Lebensmitteln ist eine wichtige Verarbeitungsmethode. Durch dieses Verfahren werden **Konservierung** und **Konzentration** (Gewichtsersparnis) erreicht.

Ergänzung

Ein sehr einfacher Versuch (evtl. Schülerversuch) verdeutlicht die hohe Verbreitung von Wasser:

Ein offensichtlich trockenes, sauberes Reagenzglas wird von unten kurz mit der Sparflamme eines Gasbrenners erhitzt.

Fast sofort ist im Inneren (!) des Glases (in der oberen Hälfte) kondensiertes Wasser zu beobachten, das erst durch weiteres Erhitzen verdampft.

[1] Die Angaben stammen aus Unterrichts-Unterlagen, die aus verschiedenen Quellen zusammengefügt wurden

Name:	Fach:	Klasse:	Datum:

Wasser in der Nahrung

C- Anf 1

Daß Obst, Fleisch und Gemüse Wasser enthalten, überrascht niemanden. Doch auch scheinbar „trockene“ Lebensmittel wie z. B. Brot oder Nüsse sind nicht frei davon.
Auf recht einfache Weise kannst Du den prozentualen Wasseranteil ermitteln.

Material	Wichtige Hinweise	Sparmaßnahmen!
• verschiedene Lebensmittel (jeweils gut 100 g) • Briefwaage oder Küchenwaage (Genauigkeit 1 g) • Backofen mit Backblech(en) • Aluminiumfolie oder Backpapier	Der vorsichtige Umgang mit dem heißen Backofen ist wohl selbstverständlich. Die getrockneten Lebensmittel werden nicht weggeworfen! Sie sind keinesfalls verdorben und können gegessen oder zum Kochen verwendet werden!	Dieser Versuch ist energie- und materialaufwendig. Deshalb... ... solltet Ihr die Arbeit unter Euch aufteilen (jede Gruppe oder Einzelperson nur etwa drei Lebensmittel testen) ... sollte der Versuch dann durchgeführt werden, wenn der Backofen gerade benutzt wird (Temperatur 150-180 °C)

Wiege von jedem Lebensmittel, dessen Wassergehalt Du herausfinden willst, **genau 100 g** ab. Bei teuren Lebensmitteln kannst Du auch nur 10 g oder 50 g verwenden; dadurch wird allerdings die Berechnung schwieriger und das Ergebnis weniger genau.
Kompakte Nahrungsmittel (Obst, Gemüse, Wurst, Pilze) sollen möglichst **fein verteilt** werden, damit das Wasser leicht verdampfen kann.
Bedecke ein oder zwei Backbleche mit Aluminiumfolie oder Backpapier. Darauf werden die Proben gelegt.
Bei **150 °C** (maximal 180 °C) wird alles **2 Stunden** im Backofen erhitzt. Danach wird erneut gewogen. Nun kannst Du die **Berechnungen** durchführen und die **Tabelle** ausfüllen.

Lebensmittel (ergänze die genaue Bezeichnung)	**Masse VORHER (meist 100g)**	**Masse NACHHER**	**Differenz in Gramm**	**Differenz in % (= Anteil des Wassers)**
Brotsorte 1:				
Brotsorte 2:				
Brotsorte 3:				
Obst / Gemüse 1:				
Obst / Gemüse 2:				
Obst / Gemüse 3:				

?

1. Welche Tatsachen können zu **Verfälschungen** von Ergebnissen führen ?
2. Können wir **Nutzen** aus den in diesem Versuch gewonnenen Erkenntnissen ziehen? Beschreibe eine Anwendung ausführlich!

C - Anf 2

Die zerknautschte Dose

Chemie Physik	ab 7	Aggregatzustände	Kondensation	??	
Fach	*Klasse*	*Grobthema*	*Feinthema*	*theoret. Niveau*	*prakt. Niveau*

Position des Versuches im Unterricht

- **Chemie:** *Aggregatzustände* in Anfangsunterricht; speziell beim Thema *Kondensieren* als Übergang vom gasförmigen in den flüssigen Zustand.
- **Physik:** Auch im Physikunterricht werden Aggregatzustände behandelt; in der Wärmelehre oder beim Thema *Kräfte* kann dieses Experiment zum Nachdenken und Vertiefen eingesetzt werden.

Fachlicher Hintergrund

Eine bestimmte Menge eines Stoffes (hier: Wasser) hat im gasförmigen Zustand etwa das **1000fache Volumen** wie in flüssiger Form.

In unserem Versuch wird etwas Wasser in einer offenen Getränkedose zum Sieden erhitzt. Bei **plötzlicher Kondensation** des Wasserdampfes durch starkes Abkühlen kann der entstehende Unterdruck kaum ausgeglichen werden, weil das Wasser nicht schnell genug durch die Dosenöffnung strömt.

Durch diese Trägheit wirkt sich der äußere Luftdruck drastisch auf die Dose aus: Sie wird schlagartig zusammengedrückt!

Der Versuch / Ergänzungen.

Bei Beachtung der Hinweise zur Sicherheit ist der Versuch harmlos.

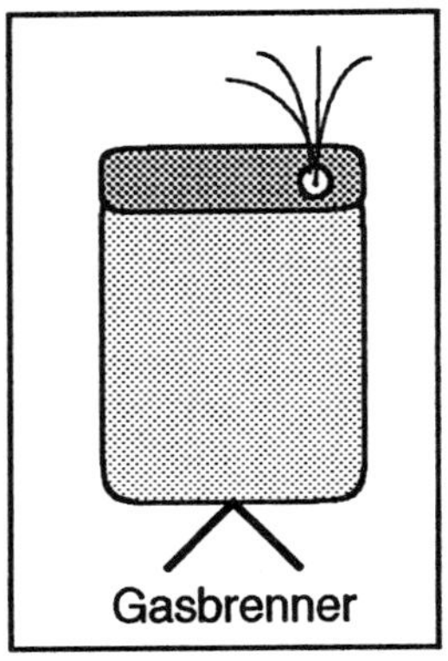

Als **Demonstrationsversuch** kommt diese Variante in Frage:

In einen großen, leeren Blechkanister mit Schraubverschluß wird wenig Wasser gegeben. In geöffnetem Zustand wird bis zum Sieden erhitzt, dann die Flamme entfernt und der Behälter verschlossen.

Nach einiger Zeit „zieht" sich der Behälter zusammen, bis er völlig zerknautscht ist. Durch Abkühlen mit Wasser aus einer Spritzflasche kann der Vorgang beschleunigt werden.

Zur **Vertiefung** ist folgendes Experiment geeignet:

In einem großen Rundkolben werden etwa 100 ml Wasser zum Sieden gebracht. Dann wird die Wärmequelle entfernt und der Kolben mit einem Gummistopfen verschlossen. Sobald man den Kolben unter fließendes kaltes Wasser hält, beginnt der Inhalt wieder zu sieden!

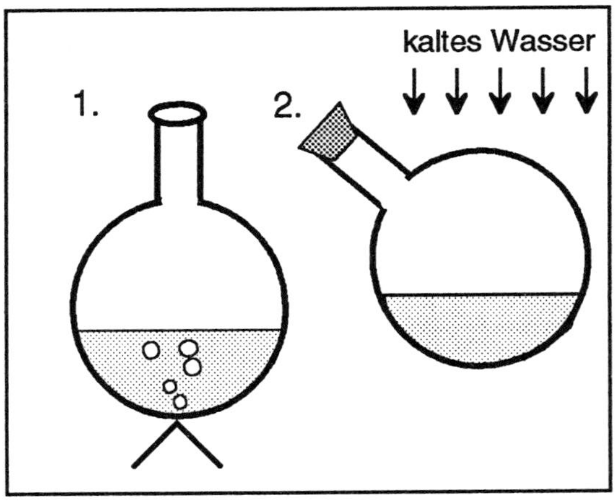

Warnung!

Implosionsgefahr! Nur ein unbeschädigter, wirklich runder Kolben ist für den Versuch geeignet.

Verwenden Sie Schutzscheibe, Schutzbrille und Handschuhe!

Erklärung:

Durch die Kondensation des Wasserdampfes wird der Druck so stark vermindert, daß die Siedetemperatur des Wassers erheblich reduziert wird.

Name:	Fach:	Klasse:	Datum:

Die zerknautschte Dose

C - Anf 2

Bei diesem überraschenden Versuch wird besonderer Wert darauf gelegt, daß Du Deine Beobachtungen und Vermutungen ausführlich schilderst.

Material	Hinweise zur Sicherheit
• eine entleerte Getränkedose • eine große Schüssel mit Wasser • eine Pumpenrohrzange oder Handschuh • eine Kerze oder ein Teelicht	Es besteht die Gefahr von **Verbrühungen** und **heißen Spritzern**. Am Boden der Dose kann sich Ruß bilden, dessen Flecken kaum entfernt werden können.

Der Versuch

- Stelle eine große Schüssel mit Wasser bereit.
- Gib in die Getränkedose **1 Eßlöffel Wasser**.
- Fasse die Dose mit einem **Handschuh** oder einer **Pumpenrohrzange** so an, daß Du sie mühelos durch eine Handbewegung auf den Kopf stellen kannst.
- Bringe das Wasser mit einer Kerzenflamme zum **Sieden**.
- Tauche jetzt **schnell** die Dose mit der Oberseite nach unten in das Wasser.

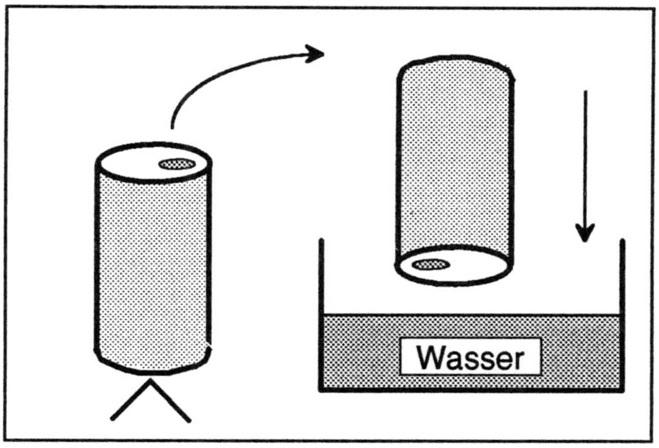

Beobachtung:

....

....

....

Ich vermute:

....

....

....

....

....

....

....

....

C - Anf 3

Welche Flüssigkeit verdunstet schneller?

Chemie	**ab 7**	**Aggregatzustände**	**Verdunstung**		
Fach	*Klasse*	*Grobthema*	*Feinthema*	*theoret. Niveau*	*prakt. Niveau*

Position des Versuches im Unterricht

Zu den typischen Eigenschaften von Stoffen zählt die Verdunstungsgeschwindigkeit von Flüssigkeiten.

Im Anfangsunterricht Chemie wird dieses Erkennungsmerkmal entweder beim Thema *Stoffeigenschaften* oder *Aggregatzustände* berücksichtigt.

Fachlicher Hintergrund

Die untersuchten Stoffe können folgendermaßen kategorisiert werden:

Flüssigkeits - Typ	Verdunstungsgeschwindigkeit	Beispiele
flüchtige Substanzen	**sehr schnell**	**Feuerzeugbenzin Nagellackentf. (Aceton) Spiritus (Ethanol)**
ätherische Öle	**langsam**	**Öl von Zitrusfrüchten Fichtennadelöl**
wasserartig	**„normal"**	**Wasser**
fette Öle	**extrem langsam**	**Speiseöl Schmieröl**

Die Verdunstungsgeschwindigkeit hängt von der Siedetemperatur der Stoffe ab, die wiederum von ihrer Molekülmasse und intermolekularen Anziehungskräften bestimmt wird.

Der Versuch

Der Versuch ist völlig unproblematisch, solange die Schülerinnen und Schüler nicht durch die Flüssigkeiten zu weiteren, unerwünschten Experimenten („Zündeln") veranlaßt werden. Auf die damit verbundenen Gefahren sollte unbedingt hingewiesen werden!

Das Arbeitsblatt sollte eventuell ausnahmsweise nicht in den Ordner aufgenommen werden, weil die nur sehr langsam verdunsteten Öle die übrigen Papiere verunreinigen würden. Welche Bedeutung diesem Umstand beigemessen werden, muß man für sich selbst entscheiden.

Name:	Fach:	Klasse:	Datum:

Welche Flüssigkeit verdunstet schneller?

C - Anf 3

Du sollst herausfinden, wie lange verschiedene Flüssigkeiten brauchen, um zu verdunsten.

Gib auf die eingezeichneten Flächen mit einem Glasstab o. ä. je einen Tropfen der genannten Flüssigkeiten und schreibe die Zeit auf, die vergeht, bis die jeweilige Fläche völlig trocken ist.
Das Orangen- oder Zitronenöl kannst Du gewinnen, indem Du die entsprechenden Schalen biegst und gleichzeitig auf das Papier preßt.
Auf den letzten drei Feldern kannst Du Flüssigkeiten nach Wahl testen.

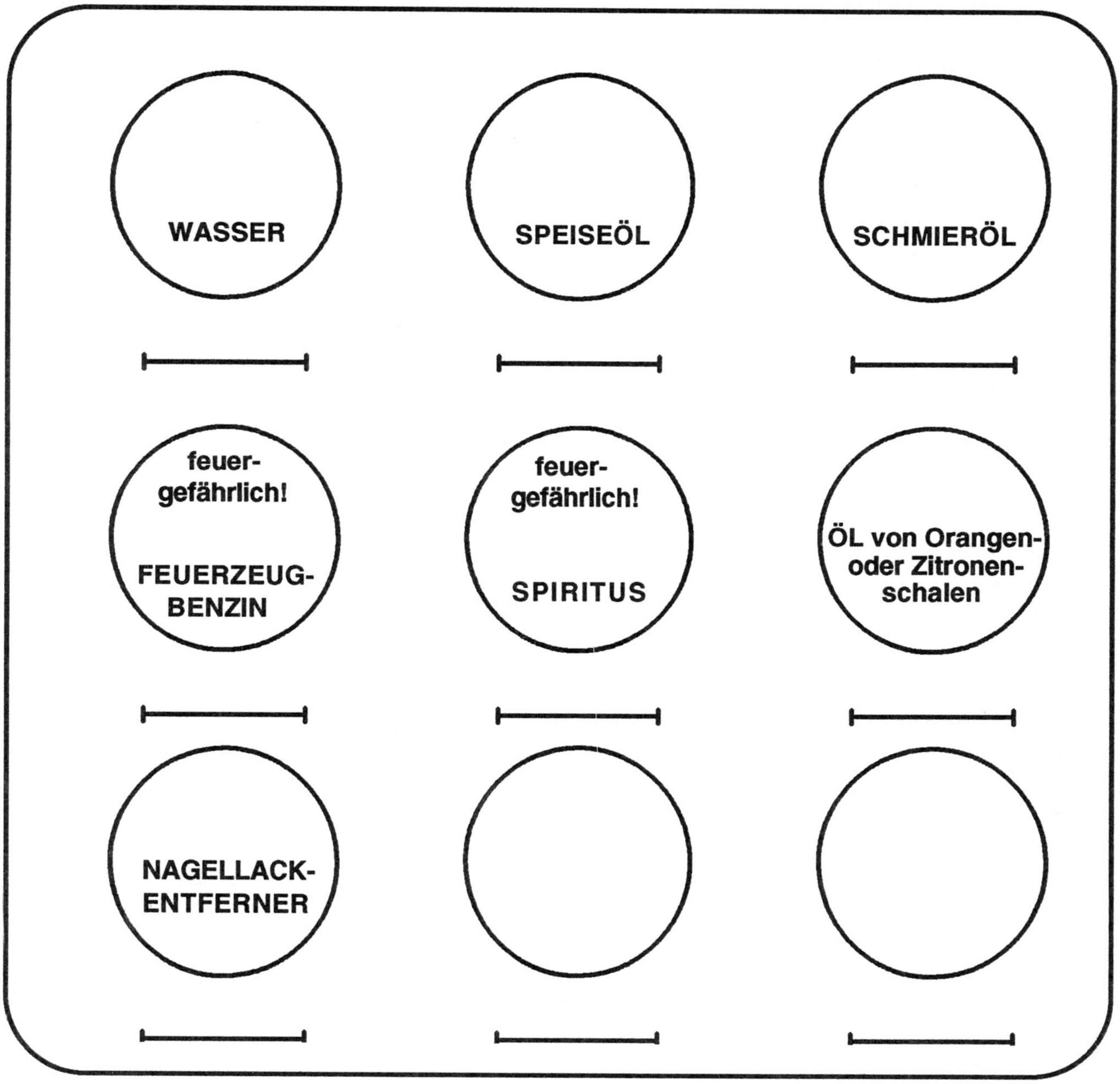

Überlege, wie man die vielen Flüssigkeiten in drei bis vier Gruppen einteilen kann!

C - Div 1

Die Osmose

Biologie Chemie	ab 9 oder 10	Lösungen	Osmose		
Fach	*Klasse*	*Grobthema*	*Feinthema*	*theoret. Niveau*	*prakt. Niveau*

Position des Versuches im Unterricht

Obwohl das Leben auf osmotischen Vorgängen basiert, fristet das Thema *Osmose* im Chemieunterricht ein Schattendasein.

Es bietet sich an, einen Schüler oder eine kleine Gruppe ein Referat vorbereiten zu lassen, das möglichst in einer Doppelstunde vorgetragen werden sollte. Ergänzende Lehrerversuche (Der „chemische Garten“ / die Schweinsblase als semipermeable Membran) runden das Thema ab.

Fachlicher Hintergrund

Osmose beruht auf dem Bestreben von Lösungen, sich an die Konzentration der Umgebung anzupassen. Dies geschieht durch **Verdünnung**. Dabei werden beachtliche Kräfte frei (osmotischer Druck).

Einige Beispiele:

Nierenfunktion (Dialyse), Nahrungstransport, physiologische Kochsalzlösung als Blutersatz, Wachstum von Pflanzen (sprengt Asphalt), Kirschen platzen bei Regen, das Trinken von destilliertem Wasser oder Salzwasser ist schädlich (ggf. sogar tödlich)

Genauere Einzelheiten sind der Fachliteratur zu entnehmen; ich will mich hier auf die typischen Versuchsergebnisse beschränken.

Die Versuche

zu 1.: Innerhalb weniger Stunden quillt das Gummibärchen zum doppelten bis vierfachen Volumen.

zu 2.: (1) Das Ei im destillierten Wasser wird prall. Sticht man es an, spritzt das aufgenomme Wasser heraus.
(2) Das Ei im Salzwasser schrumpft.

zu 3.: (1) Die Kirschen im warmen Wasser platzen.
(2) Im Zuckerwasser schrumpfen die Kirschen.

zu 4.: (1) Die Erbsen quellen auf, das Gefäß „läuft über“.
(2) Der osmotische Druck der quellenden Erbsen sprengt den Gipsblock.

Falls Ihnen die verdünnte Salzsäure bzw. Essigessenz zu gefährlich für einen Heimversuch erscheint, sollte das Experiment 2 in der Schule gemeinsam vorbereitet werden.

Ergänzungsversuch „Chemischer Garten“

Für diesen Versuch sollte ein Glasgefäß verwendet werden, das nicht mehr für andere Zwecke gebracht wird, da die Reinigung sehr schwierig ist. Außerdem eignet sich der „Chemische Garten“ als Dauerpräparat.

Hinweis zur Sicherheit: Es kommen Schwermetallsalze zum Einsatz. Deshalb ist davon abzuraten, Schülern das Präparat mit nach Hause zu geben!

Durchführung: 100 ml Wasserglas-Lösung (= Natronwasserglas, Natrium- und/oder Kaliumsilikat) werden mit etwas 200 ml Wasser gemischt.

In die Lösung wirft man jeweils ein oder zwei Kristalle verschiedener farbiger Metallsalze (Eisenchlorid, Kupferchlorid, Nickelchlorid, Kobaltchlorid usw.).

Innerhalb weniger Minuten kann man „Kristallbäumchen“ heranwachsen sehen.

Variante:[1] In eine dreiprozentige Lösung von Kaliumhexacyanoferrat(II) (= gelbes Blutlaugensalz) werden einige Kristalle Kupfersulfat oder Kupferchlorid geworfen. Es wachsen durchscheinende, braune „Schläuche“ in die Höhe:

$$K_4[Fe(CN)_6] + 2\ CuCl_2\ \ Cu_2[Fe(CN)_6] + 4\ KCl$$

---

1 aus: Georg WAGNER: Chemie in faszinierenden Experimenten. Aulis Verlag, Köln 1984

Name:	Fach:	Klasse:	Datum:

Die Osmose

C - Div 1

Die Osmose ist ein weit verbreiteter, wichtiger Vorgang, besonders in pflanzlichen und tierischen Zellen. Du hast den Auftrag, unter Verwendung von Fachliteratur (Chemie und Biologie) ein **Referat** zu erstellen. Deine Mitschüler sollen von Dir lernen, wie die Osmose funktioniert und ihre lebenswichtige Bedeutung erfahren.
Auf diesem Blatt sind **vier Versuche** vorgestellt, die Du leicht zuhause vorbereiten und anschließend in der Schule vorstellen kannst.
Hinweise auf Stichworte, nach denen Du in den Fachbüchern suchen sollst sowie **weiterführende Fragen** werden Dir bei der Gestaltung Deines Vortrages helfen.

Notiere die Beobachtungen zu den Versuchen bitte in Dein Heft!

Name des Versuches	Material	Durchführung
1. Das Riesen-Gummibärchen	◆ Glas mit Wasser ◆ Gummibärchen	In ein Glas mit Wasser wird ein Gummibärchen gelegt. Beobachte über mehrere Stunden, ob sich etwas verändert! ***TIP:*** Bei Deinem Referat solltest Du ein „frisches" und ein „behandeltes" Gummibärchen zeigen!
2. Osmose am Hühnerei	◆ 3 gleich große Eier ◆ Essigessenz oder verdünnte Salzsäure (ÄTZEND!) ◆ 2 Gläser mit Wasser ◆ Kochsalz	Lege 2 Eier solange in Essigessenz oder verdünnte Salzsäure, bis die Kalkschale entfernt ist. **1.** Lege eines der Eier vorsichtig in Leitungswasser oder (besser!) destilliertes Wasser. **2.** Lege das andere Ei in konz. Kochsalzlösung. **3.** Das dritte Ei dient zum Größenvergleich. ***TIP:*** Durch Deinen Versuch erfährst Du, wie lange die Eier in den Lösungen liegen müssen, damit die Veränderung deutlich wird. Setze also den Versuch für Dein Referat rechtzeitig an!
3. Kirschen platzen, wenn es regnet	◆ frische Kirschen ◆ 2 Gläser mit warmem Wasser ◆ Zucker	Diese Versuche kannst Du nur zur Erntezeit der Kirschen ausführen! **1.** Lege einige Kirschen in ein Glas warmes Wasser. **2.** Führe parallel den Versuch mit warmer Zuckerlösung durch.
4. Erbsen mit Sprengkraft	◆ getrocknete Erbsen ◆ Glas mit Wasser ODER ◆ Plastikbecher ◆ Gips	**1.** Fülle ein Glas randvoll mit getrockneten Erbsen und füge soviel Wasser wie möglich hinzu. Beobachte über längere Zeit. **2.** Rühre in einem Plastikbecher 200 ml Gips an. Fülle die Hälfte davon in einen anderen Becher. Lege nun etwa 20 Erbsen auf den Gips. Schütte den restlichen Gips darüber und lasse den Gips fest werden. Danach legst Du den Block (ohne Becher) etwa einen Tag lang in Wasser.

Stichworte: *Osmose, Diffusion, Membran, Konzentration, Ernährung, Wachstum*

Weiterführende Fragen:

- Warum schadet **Streusalz** den Straßenbäumen? Wieso ist **Überdüngung** schädlich? Was bedeutet das Sprichwort **„Drei Hunde sind des Baumes Tod!"**?
- Warum ist das Trinken von **Meerwasser** schädlich - in größeren Mengen sogar tödlich? Warum trifft das auch für **destilliertes Wasser** zu? Beschreibe die Auswirkungen auf den Organismus!
- Warum enthält die **physiologische Kochsalzlösung** eine bestimmte Konzentration Kochsalz?
- Woher nehmen **Pflanzen** die Kraft, sogar Asphalt zu durchdringen?
- Wieso sind Lebensmittel haltbar, wenn sie **eingezuckert** oder **eingesalzt (gepökelt)** werden?

C - Div 2

Kandiszucker

Chemie	ab 8	Lösungen, Kristalle	gesättigte Lösungen		
Fach	*Klasse*	*Grobthema*	*Feinthema*	*theoret. Niveau*	*prakt. Niveau*

Position des Versuches im Unterricht

Ziemlich zu Beginn des Chemieunterrichtes wird die Löslichkeit von Stoffen als eine von vielen Stoffeigenschaften behandelt.

Als Heimversuch eignet sich unser Experiment besonders durch die Verwendung von Zuckerwürfeln, deren Masse leicht und hinreichend genau zu berechnen ist: Die Gesamtmasse der Packung dividiert durch die Anzahl der enthaltenen Würfel ergibt die Masse des einzelnen Exemplares.

Begriffe: *kaltgesättigt, heißgesättigt, Löslichkeit, Bodenkörper, Konzentration, Kristall*

Fachlicher Hintergrund

Die fachliche Grundlage zu den 4 Versuchen dürfte Ihnen bekannt sein. Wichtige Informationen befinden sich in Abschnitt 4 auf dieser Seite.

Die Versuche

Die Versuche sind problemlos durchzuführen. Der Umgang mit heißem Wasser müßte Ihren Schülerinnen und Schülern zuzutrauen sein.

Zu den Fragen

Das fachliche Niveau der hier vorgeschlagenen Antworten habe ich dem üblichen Wissensstand der Schüler der angesprochenen Altersgruppe angepaßt.

zu 1.:

Die geringe Volumenzunahme trotz Zugabe größerer Mengen Zucker könnte (!) man durch ein primitives **Teilchenmodell** erklären, das von „großen und kleinen Kugeln" ausgeht. Der Versuch entspricht dem bekannten Experiment *Volumenkontraktion eines Alkohol-Wasser-Gemisches* und dem Modellversuch *Mischen von Erbsen und Senfkörnern.*

In der aktuellen fachdidaktischen Diskussion wird diese Analogie jedoch zunehmend negativ bewertet, weil die beobachtete Volumenverminderung des Alkohol-Wassergemisches völlig andere Ursachen hat als die Optimierung der Packungsdichte von „Kügelchen". Das Stichwort *Bildung von Wasserstoffbrücken* möge an dieser Stelle genügen.

zu 2.:

Die Versuche 1 bis 3 zeigen, daß in heißem Wasser wesentlich mehr Zucker gelöst werden kann als in kaltem. Bei Abkühlung kristallisiert der „Überschuß" an gelöstem Zucker aus, bis die Konzentration der kaltgesättigten Lösung erreicht ist.

zu 3.:

Der Impfkristall sorgt dafür, daß die Kristallbildung an der gewünschten Stelle einsetzt. Ohne den Impfkristall würden sich beim Abkühlen Kristalle am Boden des Gefäßes oder am Rand der Oberfläche bilden.

zu 4.:

Die regelmäßige Form der Kristalle läßt den Schluß zu, daß sich die „Zuckerteilchen" (Moleküle) nach festen Regeln anordnen.

Name:	Fach:	Klasse:	Datum:

Kandiszucker

C - Div 2

Diesmal geht es um **kaltgesättigte** und **heißgesättigte Lösungen**, außerdem um **Kristallzüchtung**.

Material für Versuch 1 - 3	Material für die Kristallzüchtung
• Würfelzucker • hitzefestes Glasgefäß (z. B. Kanne von Kaffeemaschine) • Meßbecher • Thermometer (Meßbereich bis 100 °C)	• sauberes Marmeladenglas o. ä. • Bierdeckel oder eine andere Pappscheibe • Streichholz • Baumwollfaden • Kaffeefilter

1. Herstellung einer kaltgesättigten Zuckerlösung

Fülle 200 ml Wasser in einen Meßbecher. Miß die Temperatur des Wassers. Löse einen Zuckerwürfel nach dem anderen unter kräftigem Rühren auf. Füge keinen Zucker mehr hinzu, sobald sich ein Bodenkörper aus ungelöstem Zucker bildet.
Hebe die Lösung für die Versuche 2, 3 und 4 auf! Fülle nun in der Tabelle die erste Spalte aus.

2. Löslichkeit von Zucker in 50 °C warmem Wasser

Erwärme die Zuckerlösung auf 50 °C und füge soviele Zuckerwürfel hinzu, bis sich ein Bodenkörper von ungelöstem Zucker andeutet. Trage die Ergebnisse (Gesamtzahl!) in die zweite Spalte der Tabelle ein.

3. Herstellung einer heißgesättigten Zuckerlösung

Erwärme auf 95 °C und verfahre wie in Versuch 1 und 2. Fülle dann die letzte Spalte der Tabelle aus.

Löslichkeit von Zucker in Wasser	Temperatur .... °C	Temperatur 50 °C	Temperatur 95 °C
Anzahl der gelösten Zuckerwürfel in 200 ml Wasser			
Berechnete Anzahl gelöster Zuckerwürfel in 1 Liter Wasser			
Masse des gelösten Zuckers in 1 Liter Wasser Die Masse eines Zuckerwürfels erhältst Du, wenn Du die Gesamtmasse der Würfel einer Schachtel durch die Zahl der enthaltenen Würfel dividierst.			
Gesamtvolumen der Lösung [ml]			

4. Züchtung großer Zuckerkristalle (Kandiszucker)

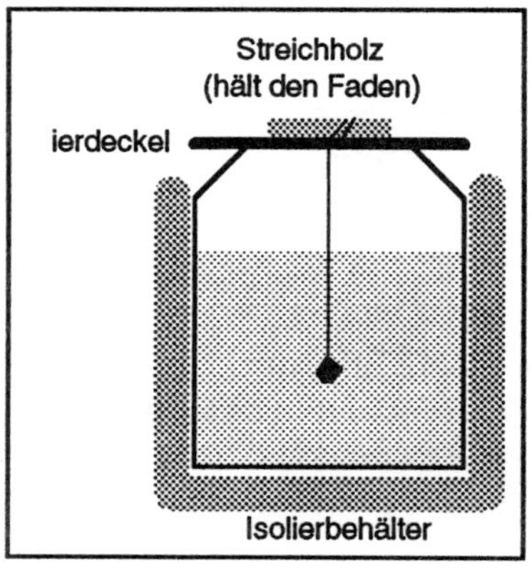

Filtriere die heißgesättigte Lösung in ein sauberes Glas.
Knote einen kleinen Zuckerkristall („Impfkristall") in einen Baumwollfaden und hänge diesen mitten in die Lösung. Das Glas muß anschließend erschütterungsfrei an einem ruhigen Ort stehen.
Die Kristalle werden umso schöner, je langsamer die Lösung abkühlt.
Vielleicht hast Du einen passenden Schaumstoffbehälter, mit dem Du das Glas isolieren kannst? Eine andere Möglichkeit besteht darin, das Glas in einen größeren Behälter zu stellen, der mit Watte ausgekleidet ist.
Es kann mehrere Tage dauern, bis das Kristallwachstum beendet ist.

?

1. Wie erklärst Du Dir die geringe Volumenzunahme in den Versuchen 1-3 ?
2. Wieso bilden sich Kristalle, wenn die Lösung abkühlt?
3. Welche Aufgabe hat der **„Impfkristall"** bei der Kristallzüchtung?

C - Div 3

Theorie und Praxis

Chemie	2. Hälfte Jg. 9	Zusammensetzung der Luft	Feuer, CO_2 Fehleranalyse	???	
Fach	*Klasse*	*Grobthema*	*Feinthema*	*theoret. Niveau*	*prakt. Niveau*

Position des Versuches im Unterricht

Das Experiment stammt aus dem Repertoire des Anfangsunterrichtes Chemie. Bestechend daran ist die Einfachheit der Durchführung und die Plausibilität der Erklärung - wenn man es mit der Wahrheit nicht allzu genau nimmt.

Eigentliches Thema dieses Arbeitsblattes ist jedoch die **kritische Würdigung** des Versuches - durch Ihre Schülerinnen und Schüler! Sie lernen dadurch, Versuche nicht einfach als „ideal" hinzunehmen und bekommen einen Blick für mögliche Fehlerquellen.

Der Auftrag verlangt genaues Hinsehen und Überlegen, Phantasie und fachübergreifendes naturwissenschaftliches Denken.

Der Versuch

Die Durchführung ist unproblematisch. Viele Schülerinnen und Schüler werden das Experiment bereits vom früheren Chemieunterricht her kennen.

Die Fehleranalyse

„Das Gasvolumen im Glas verringert sich entsprechend dem Anteil des Sauerstoffes an der Luft. Das Wasser nimmt diesen Raum ein." Schlimmer als die Lüge ist die Halbwahrheit!

Wohlgemerkt: Dieser Artikel soll kein Plädoyer gegen den Versuch sein - die oben genannten Vorteile und die Tatsache, daß im Anfangsunterricht die Kritikpunkte noch keine Bedeutung haben, beruhigen das „schlechte Gewissen".

Die Fehlerquellen sind vielfältig. Sie lassen sich grob einteilen in

- falsche Interpretation der Beobachtungen,
- Ungenauigkeiten durch das verwendete Material,
- nicht vollständig ablaufender Verbrennung,
- zu Verfälschungen des Meßergebnisses führende physikalische Störgrößen und unter Umständen durch
- ungeschicktes Hantieren.

Für genaue quantitative Aussagen eignet sich das Versuchsergebnis jedenfalls nicht.

- Zu der Verringerung des Gasvolumens kommt es nur durch die gute Löslichkeit von Kohlenstoffdioxid in Wasser. Fraglich ist jedoch, ob sich das gesamte CO_2 auflöst.
- Durch Konvektion (Wärmeströmung) ist eine gute Durchmischung des Reaktionsraumes gewährleistet.
  Zu beachten ist jedoch folgendes: Da für den Verbrennungsvorgang eine Mindestkonzentration an Sauerstoff erforderlich ist, erstickt die Flamme, bevor der gesamte Sauerstoff reagiert hat! Im verbleibenden Gasvolumen sind also Reste dieses Gases enthalten.
- Während die Kerzenflamme brennt, nimmt die Temperatur unter dem Glas zu. Die Folge: Ausdehnung des Volumens.
- Kleine Effekte:
  Das Volumen des Kerzenwachses nimmt in geringem Maße ab.
  Kurz nach dem Erlöschen der Kerze gibt diese eine Zeitlang Stearin- bzw. Paraffindämpfe ab.
  Beim Verbrennen des Stearins bzw. Paraffins wird Wasserdampf gebildet.

Gerade in der Unvollkommenheit dieses Versuches steckt die besondere Chance für den Unterricht!

Name:	Fach:	Klasse:	Datum:

Theorie und Praxis

C - Div 3

Sicher hast Du schon oft festgestellt, daß Experimente nicht immer so gelingen, wie es eigentlich sein sollte. In der Tabelle wird ein bekanntes Experiment so dargestellt und erklärt, wie es im Chemieunterricht für Anfänger üblich ist.
Deine Kenntnisse sind aber inzwischen so fortgeschritten, daß Du nun mögliche Irrtümer und Fehler des Versuches herausfinden kannst - dieses wichtige Vorgehen nennt man **Fehleranalyse**.

Versuch: Unterdruck im Verbrennungsraum		
	Schritt 1	Schritt 2
Zeichnung	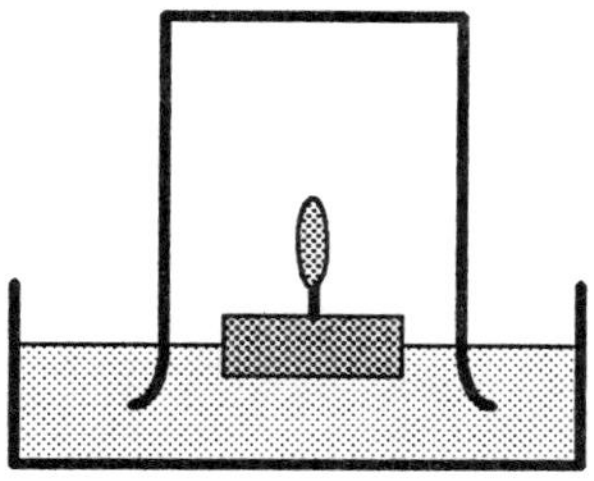	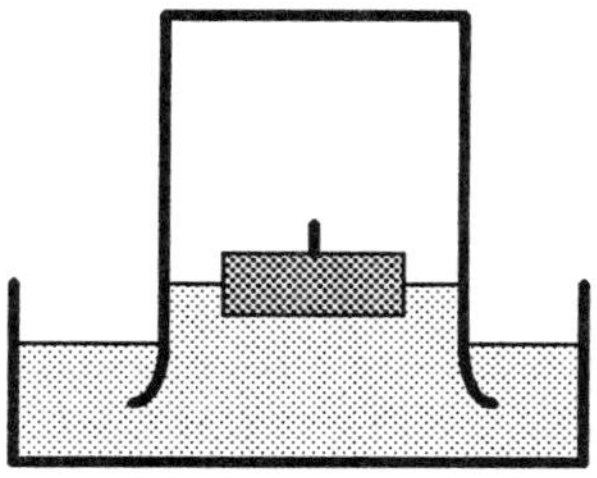
Durchführung	In einem Glas mit Wasser schwimmt ein brennendes Teelicht. Ein passendes Glas wird über das Teelicht gestülpt, bis die Flamme erstickt.	Warte etwa eine Minute! Das Glas muß im Wasser eingetaucht bleiben, damit von außen keine Luft eindringen kann.
Beobachtung	---	Im übergestülpten Glas steigt der Wasserspiegel um etwa 1/6 oder 1/5 des Luftvolumens.
Die übliche Erklärung	*„Dieser Versuch ist ein Beweis dafür, daß Luft zu etwa 20% aus Sauerstoff besteht. Beim Verbrennen hat die Kerze den Sauerstoff verbraucht. Dadurch verringert sich das Volumen des Restes im entsprechenden Maße."*	

1. Führe den oben beschriebenen **Versuch** durch.
2. Schreibe eine **Fehleranalyse**. Beurteile dabei die „übliche Erklärung"

Einige **Hinweise** sollen Dir dabei helfen:

1. Die vereinfachte Reaktionsgleichung für das Brennen einer Kerze lautet: $C + O_2 \rightarrow CO_2$
Es entstehen demnach so viele CO_2-Moleküle, wie vorher Sauerstoffmoleküle vorhanden waren. Diese nehmen nach dem Gesetz von Avogadro das gleiche Volumen ein - ganz im Gegensatz zur Beobachtung! Aufgrund welcher Eigenschaft des Kohlenstoffdioxids hat sich dennoch das Volumen verringert?

2. Der Versuch ist sehr ungenau. Viele Fehlerquellen können zu falschen Meßergebnissen führen:
- Bist Du sicher, daß der gesamte Sauerstoff unter dem Glas verbraucht wurde?
- Welcher physikalische Vorgang stellt sicher, daß nicht nur der Sauerstoff in Höhe der Kerzenflamme für die Verbrennung zur Verfügung stand?
- Sind die Volumina vor, während und nach dem Verbrennen überhaupt vergleichbar? Was hat sich zusammen mit der Verbrennung noch verändert?
- Welche Mängel des verwendeten Materials führen zu ungenauen Meßergebnissen?

3. Würdest Du als Lehrer diesen Versuch trotz aller Mängel im Unterricht einsetzen? Begründe!

C - Div 4

Scheuermittel

Fach	Klasse	Grobthema	Feinthema	theoret. Niveau	prakt. Niveau
Chemie	ab 8 / 9	Stoffeigenschaften Gemische	Dekantieren, Dichte, Härte, Tenside	??	

Position des Versuches im Unterricht

Die Alltagsbedeutung von Reinigungsmitteln steht außer Frage. Auch wenn das Trennen von Stoffgemischen (hier: Dekantieren) bereits Thema des Anfangsunterrichtes ist, empfehle ich den Einsatz des Versuches erst dann, wenn *Tenside* und der *Nachweis von Kalk* behandelt wurden.

Diesmal führen Ihre Schülerinnen und Schüler recht selbständig eine Serie von Versuchen durch[1]. Dabei bildet die Anfertigung des Protokolls eine besonderen Schwerpunkt.

Fachlicher Hintergrund

Scheuerpulver (z. B. Ata®, Vim®, Ajax®) sind schon etliche Jahrzehnte auf dem Markt. Das gilt auch für flüssige Allzweckreiniger (z. B. Der General®, Meister Proper®). Relativ neu hingegen ist Scheuermilch, welche die abrasive Wirkung der Pulver mit der fettlösenden Eigenschaft von Tensiden kombiniert. Wie die Tabelle zeigt, wäre jedoch falsch, Scheuermilch einfach als Gemisch eines herkömmlichen Scheuermittels mit flüssigen Reinigungsmitteln zu betrachten.

	Allzweckreiniger	Scheuerpulver	Scheuermilch (Bsp.)
Zusammensetzung (abhängig vom jeweiligen Fabrikat)	viel Wasser 5-20 % Tenside 5-15 % Phosphate 0-10 % Alkohol 0-5 % NH_3 oder NaOH Farb- und Duftstoffe	85-95 % Quarzmehl 1-5 % Borax oder Soda 1-5 % Phosphate 1-5 % Tenside 0-1 % Chlorbildner	50 % Marmormehl 35 % Wasser 6,5 % Tenside 2 % Chloramin 1 % anorganische Salze
Abrasivkomponente	---	SiO_2 (Quarzmehl)	$CaCO_3$ (Marmorpulver)
- Härte nach Mohs	---	3	7
- Reaktion auf Salzsäure	negativ	negativ	Bildung von CO_2
Die flüssige Schicht bzw. die wäßrige Lösung	pH unterschiedlich Tenside nachweisbar	pH unterschiedlich Tenside nachweisbar	pH unterschiedlich Tenside nachweisbar

Der Versuch

Für unser Experiment kristallisieren sich drei Schwerpunkte heraus:

- Trennen von Stoffgemischen durch Sedimentieren und anschließendem Dekantieren
- Die unterschiedliche Härte von Quarzmehl und Marmorpulver
- Verhalten der Tenside

Die Versuche sind fast gefahrlos durchzuführen, wenn auf den vorsichtigen Umgang mit Essigsäure geachtet wird. Es sollen keine Speise- oder Trinkgefäße zum Einsatz kommen! Hierbei ist besonders an kleine Kinder im Haushalt zu denken.

Auswertung / Antworten

zu den Fragen 1 und 2 [...]: Fettablagerungen [Tenside], Kalkstein, Krusten [Abrasivstoffe, „Scheuermittel"]

Bemerkungen zum Protokoll: Das vergleichsweise weiche Marmormehl ($CaCO_3$, Säureprobe positiv) kann für die Reinigung relativ empfindlicher Oberflächen eingesetzt werden. Den harten Quarzsand (SiO_2, Säureprobe negativ) kann man nur für sehr harte Oberflächen wie z. B. Emaille oder Keramikfließen verwenden. Empfindliches Material, z. B. aus Kunststoff, wird matt.

Der pH-Wert der untersuchten Reinigungsmittel liegt im leicht alkalischen bis leicht sauren Bereich.

---

[1] Der Versuch geht auf einen Artikel von Günther JÜNGEL zurück: *Einfache Unersuchungen von Reinigungsmitteln.* in: Naturwissenschaften im Unterricht / Chemie 35 (1987) Nr. 25, Friedrich Verlag, Velber

Name:	Fach:	Klasse:	Datum:

Scheuermittel

C - Div 4

Dem Schmutz auf glatten Flächen in Bad, Küche und anderen Räumen wird auf vielfältige Weise zu Leibe gerückt.
Die zahllosen Reinigungsprodukte lassen sich grob in drei Gruppen einteilen:

- flüssiger Allzweckreiniger
- streufähiges Scheuerpulver
- dickflüssige Scheuermilch

1. Welche Arten von Verschmutzungen können wir unterscheiden?
2. Studiere die Etiketten verschiedener Reinigungsmittel. Welche Aufgaben erfüllen die einzelnen Bestandteile?

Das Flußdiagramm zeigt einige Versuche, mit denen Du Reinigungsmittel untersuchen kannst.
Für alle Versuche benötigst Du jeweils etwa 10 ml Scheuerpulver, Scheuermilch und Allzweckreiniger.

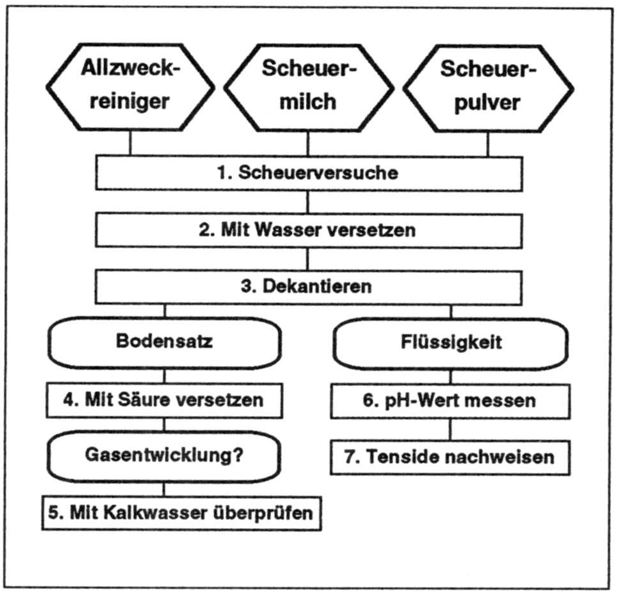

Nr.	Material	Kommentar / *Hinweise zur Sicherheit*
1	3 Reinigungsmittel Lappen Materialproben	Verreibe mit einem Lappen kräftig die Reinigungsmittel auf verschiedene Oberflächen von Gegenständen aus Glas, Kunststoff, Metall oder Holz, die zerkratzt werden dürfen. ***Beschädige keine Gebrauchsgegenstände!***
2	3 Bechergläser Stab zum Umrühren	***Achte darauf, daß niemand die Flüssigkeit versehentlich trinkt!*** Gib etwa 10 ml der Reinigungsmittel in je ein Becherglas. Füge jeweils etwa 100 ml Wasser hinzu. Gut umrühren!
3	3 Bechergläser	Gieße vorsichtig die über dem Bodensatz stehende Flüssigkeit in ein weiteres Glas. Bewahre sie gut auf!
3a		Wiederhole dreimal die Schritte 2 und 3 zu Reinigung des festen Rückstandes. Die Flüssigkeit kann aber diesmal in den Ausguß gegeben werden.
4	Zitronensäure in wenig Wasser *oder* Essigessenz	***Essigessenz, Zitronensäure und Kalkwasser sind ätzend. Falls versehentlich etwas in die Augen gelangt, muß mit viel Wasser gespült werden.*** Gieße einige Milliliter der Säure auf die festen Bestandteile des Reinigungsmittels. Findet eine Gasentwicklung statt?
5	Kalkwasser Stab	Halte einen Tropfen Kalkwasser (Calciumhydroxidwasser) über die Gasblasen. Kannst Du eine Trübung beobachten?
6	Indikator-Papier	Messe den ph-Wert der Flüssigkeit.
7	2 kleine Gläser Speiseöl	Überprüfe, ob sich das Öl mit der Flüssigkeit mischen läßt. Vergleiche die Mischbarkeit von Öl mit Wasser.

Führe die Experimente bitte selbständig durch und fertige ein genaues Protokoll an.
Berücksichtige dabei folgende Punkte:

1. Beschreibe die wesentlichen Unterschiede zwischen den drei Reinigungsmitteln.
2. Welche Eigenschaften konntest Du bei den festen Bestandteilen herausfinden?
3. Jedes der drei Reinigungsmittel hat seine Vor- und Nachteile. Beschreibe diese und nenne Beispiele, in welchen Fällen Du das Mittel jeweils (nicht) verwenden würdest.

C - At 1	Der wahre Unterschied zwischen Zucker und Salz

Chemie	ab 9	Chemische Bindung	Ionen- / Atombindg. - Eine Einführung -	???	
Fach	*Klasse*	*Grobthema*	*Feinthema*	*theoret. Niveau*	*prakt. Niveau*

Position des Versuches im Unterricht

Es ist erfreulich, die beiden Gegensätze *Ionenbindung* und *Atombindung* an zwei so alltäglichen Stoffen wie Zucker und Salz demonstrieren zu können.

Der Versuch eignet sich als Einführung in das Thema *Arten der chemischen Bindung.*

Fachlicher Hintergrund

Die Theorie der Bindungsarten zu erörtern ist nicht Aufgabe dieses Buches. Nur auf die zu erwartenden Versuchsergebnisse will ich kurz eingehen:

- **Elektrische Leitfähigkeit** setzt Ladungsträger voraus; in unserem Fall sind das die in Lösung vereinzelten Ionen.
- **Schmelztemperatur und chemische Stabilität** sind bei den Ionenverbindungen auf die durch unterschiedliche Ladung bedingten starken Anziehungskräfte zwischen den Ionen zurückzuführen.

Die Versuche

Ich setze voraus, daß die Schüler bereits durch den Physikunterricht in der Lage sind, aus vorgegebenen Teilen eine Apparatur zur Überprüfung der Leitfähigkeit zu konstruieren.

Da nicht erwartet werden kann, daß alle Schüler einer Klasse gut ausgerüstete Bastler sind, sollten Kabel, Lampe mit Fassung und Krokodilklemmen verliehen werden.

Mögliche Beobachtungen und Vermutungen

Falls die Schüler noch nichts über die beiden Bindungsarten wissen, werden ihre Vermutungen wenig präzise sein. Das Phänomen Leitfähigkeit verbinden sie eventuell mit frei beweglichen Ladungsträgern, die chemische Stabilität bzw. Instabilität beim Erhitzen vielleicht auch mit unterschiedlich starken Bindungskräften. Mehr ist an dieser Stelle aber nicht zu erwarten.

Auswertung / Ergänzungen

Die Lösung zu Aufgabe 2: Die Verbindungen mit Molekülen sind Gummi und Polyethylen.

Zwei ergänzende Versuche:

1. Das *Erhitzen von Zucker und Salz* sollte mit Reagenzgläsern und Gasbrenner wiederholt werden. Bei guten Brennern gelingt es, das Salz zum Schmelzen zu bringen (Schmelztemperatur ca. 800 °C).
Die bei der Pyrolyse von Zucker entstehenden Gase können an der Reagenzglasmündung angezündet werden.

2. Die Tatsache, daß Glas eine Ionenverbindung ist, kann im Lehrervesuch (!) durch die *Leitfähigkeit einer Glasschmelze* demonstriert werden.

VORSICHT bei der Arbeit mit Netzspannung! Elektronische Schutzschalter oder einen Trenntrafo (1:1) verwenden! Die Glühlampe befindet sich in einem isolierten Schraubsockel.

Sobald das Glas schmilzt, leuchtet die Glühlampe auf. Durch das Glas fließt nun soviel Strom, daß der Brenner entfernt werden kann:

Das Glas erhitzt sich an der Stelle, an der sich die Nägel nicht berühren, bis zur Weißglut. Probieren Sie unterschiedliche Abstände aus.

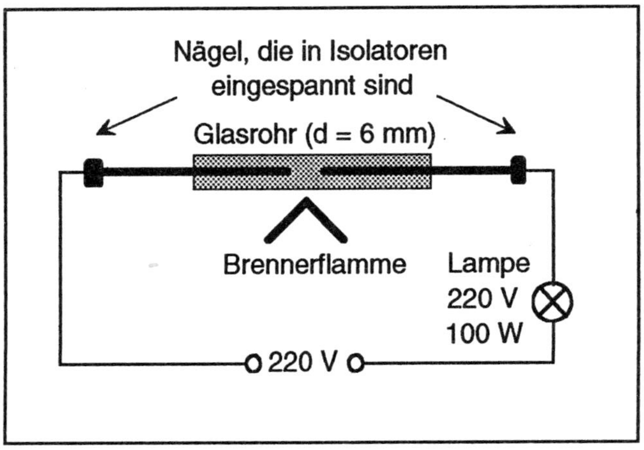

Name:	Fach:	Klasse:	Datum:

Der wahre Unterschied zwischen Zucker und Salz

C - At 1

Sie sind so ähnlich und doch so verschieden! Auch wenn Zucker und Salz optisch leicht verwechselt werden können, sind größere Gegensätze als der geschmackliche Unterschied kaum vorstellbar!
Doch auch für Chemiker sind Zucker und Salz Gegensätze: Sie gehören unterschiedlichen Arten von Verbindungen an, deren Teilchen sich grundlegend unterscheiden. Salz besteht aus **Ionen**, Zucker aus **Molekülen**. Weil Ionen elektrisch geladen sind, können durch zwei einfache Versuche deutlich die Unterschiede zwischen den beiden Verbindungsarten herausgefunden werden..

Schreibe zunächst bitte in die Tabelle alle speziellen und gemeinsamen Eigenschaften, die Dir von Zucker und Salz bekannt sind.

spezielle Eigenschaften von Zucker	spezielle Eigenschaften von Kochsalz	gemeinsame Eigenschaften

Material:

- Zucker ($C_6H_{12}O_6$)
- Kochsalz (Natriumchlorid, NaCl)
- 2 Blechdeckel (z. B. von Teedosen)
- Teelicht
- 2 Trinkgläser
- 3 Experimentierkabel
- 2 Krokodilklemmen
- 4,5 V Flachbatterie
- Glühlampe 3,8 V
- 2 große Nägel

Versuch 1: Verhalten von Zucker und Salz beim Erhitzen

Streue auf einen Dosendeckel aus Blech einen halben Teelöffel Zucker, auf einen weiterenDeckel die gleiche Menge Salz. Halte die Deckel mit einer Wäscheklammer aus Holz oder mit einer Zange über die Flamme eines Teelichtes.
Welcher Stoff schmilzt leichter? Welche Veränderungen durch Erhitzen kannst Du feststellen?

Versuch 2: Elektrische Leitfähigkeit der Lösungen von Zucker und Salz

Baue aus der Batterie, den Kabeln, zwei großen Nägeln und einer Glühlampe (3,8 V) eine Apparatur zur Überprüfung der Leitfähigkeit von Flüssigkeiten auf.
Löse in je einem Trinkglas 1 Eßlöffel Zucker bzw. Salz und überprüfe!

	Salz	Zucker
Verhalten beim Erhitzen		
Elektrische Leitfähigkeit		

1. Welche Schlüsse ziehst Du aus Deinen Beobachtungen?

2. Welche der folgenden Stoffe enthalten Moleküle?
Gummi, Sand, Glas, Polyethylen, Gips, Kalk

C - At 2	Wie groß sind Seifenmoleküle?

Chemie	ab 8	Atombau Teilchenmodell	modifizierter „Ölfleckversuch“	???	▪
Fach	*Klasse*	*Grobthema*	*Feinthema*	*theoret. Niveau*	*prakt. Niveau*

Position des Versuches im Unterricht

Der „Ölfleckversuch“ zählt zu den Klassikern des naturwissenschaftlichen Unterrichts. Das zu Recht: Zeigt er doch auf einfache Weise, wie durch logisches Vorgehen unsichtbare Strukturen erklärt werden können. Auch wenn wir uns der Grenzen des Teilchenmodell bewußt sind, wäre es schade, auf diesen einleuchtenden Modellversuch zu verzichten!

Allerdings empfehle ich, anstelle des Öles bzw. einer Öl-in-Benzin-Lösung **Spülmittel** (Pril® o. ä.) einzusetzen. Der Versuch funktioniert damit wesentlich zuverlässiger.

Ich setze den modifizierten Ölfleckversuch gerne im Anfangsunterricht Chemie beim Thema „Teilchenmodell“ (DALTON) ein. **„Wie können wir die Größe von Dingen bestimmen, die wir nicht einmal sehen können?“** lautet die Ausgangsfrage.

Fachlicher Hintergrund

Ein Tropfen Spülmittel breitet sich auf einer genügend großen Wasseroberfläche zu einer näherungsweise kreisförmigen, monomolekularen Schicht aus.

Das Spülmittel verdrängt eine zuvor auf das Wasser gestreute Pulverschicht, so daß durch Messen des Durchmessers und mit Anwendung der Formel für Kreisberechnung die Fläche leicht ermittelt werden kann.

Der Versuch

Der Versuch ist sehr einfach und gefahrlos durchzuführen.

Die Zweckentfremdung der Nasentropfen-Pipette kann toleriert werden, da sie nicht wieder als solche verwendet werden wird.

Falls Sie das Experiment in der Schule demonstrieren wollen, empfehle ich, einen Overheadprojektor einzusetzen.

Zu den Aufgaben

<u>zu 1.:</u> Der Durchmesser d wird gemessen. Der Radius ist die Hälfte davon.
Die Formel für die Kreisfläche lautet : $A = \pi r^2$

<u>zu 2.:</u> Da alle Spülmitteltropfen gleich groß sind, bietet sich folgendes Verfahren an: Es werden soviele Tropfen in einen genauen Meßzylinder gegeben, bis die 10 ml erreicht sind.
Dieses Volumen geteilt durch die Anzahl der Tropfen ist das Volumen eines einzelnen Tropfen.

<u>zu 3.:</u> Das ermittelte Volumen eines Tropfens wird durch die Größe der Seifenfläche geteilt.

<u>zu 4.:</u> Kennt man den Durchmesser eines kugelförmig gedachten Seifenmoleküls, kann man auch das Volumen des Moleküls berechnen:

$$V = \frac{\pi d^3}{6} = 0{,}5236\ d^3$$

Nun muß nur noch berechnet werden, wie oft das ermittelte Molekülvolumen in einen Tropfen bzw. in 1 ml „paßt“.

Name: | Fach: | Klasse: | Datum:

Wie groß sind Seifenmoleküle?

C - At 2

Atome und Moleküle können wir einzeln nicht sehen. Dennoch können wir durch geeignete Experimente und kluges Überlegen Informationen über Größe und Aufbau der kleinen Teilchen bekommen.

Mit unserem heutigen Versuch können wir die Größe von Seifenmolekülen grob abschätzen.

Unserer Messung liegt ein **einfaches Teilchenmodell** zugrunde, demzufolge Atome und Moleküle aus kleinen, massiven Kugeln bestehen. Diese Modell entspricht zwar kaum der Wirklichkeit, ist aber innerhalb gewisser Bereiche durchaus brauchbar.

Vorüberlegungen

Nach einem primitiven Teilchenmodell können wir uns einen Tropfen Spülmittel (dieses besteht zum größten Teil aus flüssiger Seife) **ungefähr** so wie rechts abgebildet vorstellen.

Fällt der Tropfen auf eine genügend große Wasseroberfläche, breitet er sich folgendermaßen aus:

- Die Oberfläche ist **kreisförmig**.
- Die „Kugeln" liegen in **einer Schicht** eng nebeneinander.

Wir brauchen allerdings ein Hilfsmittel, das uns zeigt, wie weit sich die Seife ausgebreitet hat. In der Materialliste findest Du geeignete Stoffe.

Material	Durchführung
• Spülmittel (z. B. Pril®) • genauer Meßzylinder (10 ml) • große Schüssel mit Wasser • Pipette (z.B. von einer leeren Nasentropfen-Flasche) • Ein feines, schwimmfähiges Pulver, z. B. Puder, Pfeffer, Mehl, Talkum usw.	Streue das Pulver in einer dünnen, geschlossenen Schicht auf die Wasseroberfläche. Nun läßt Du auf die Mitte der Pulverfläche mit der Pipette einen Tropfen Spülmittel fallen. Eine pulverfreie Fläche breitet sich schnell aus. Miß den Durchmesser dieser Fläche. Spüle die Pipette bitte sofort gründlich aus!

Berechnung der Molekülgröße

Die **Dicke** der Spülmittelschicht ist gleichzeitig der Durchmesser der Seifenmoleküle.

Die Spülmittelschicht hat das **gleiche Volumen** wie der Tropfen, aus dem sie entstanden ist!

Die **Formel für die Dicke** und damit für den Teilchendurchmesser lautet:

$$\text{Dicke} = \frac{\text{Volumen}}{\text{Fläche}}$$

Du mußt also zweierlei herausfinden:

1. **Das Volumen** eines Spülmitteltropfens
2. **Die Fläche** des pulverfreien Gebietes auf dem Wasser

Führe den Versuch durch.

1. Berechne die **Fläche**, die der Spülmitteltropfen auf der Wasserfläche einnimmt.
2. Finde eine Methode, mit der Du das **Volumen eines Spülmitteltropfens** bestimmen kannst. Ein Tip: Solange Du die gleiche Pipette benutzt, sind alle Tropfen gleich groß!
3. Berechne nun den **Durchmesser eines Seifenmoleküls**, dann dessen **Volumen**.
4. **Wieviele Seifenmoleküle** befinden sich Deinen Berechnungen zufolge in einem Tropfen? Wieviele Moleküle sind in einem Milliliter enthalten?

C - At 3	# Die „Haltbarkeit“ von Luftballons

Ein Forschungsauftrag für Ihre Klasse - und für Sie!

Chemie (Physik)	ab 9	Gase Atommodelle	Teilchengröße Diffusion		
Fach	*Klasse*	*Grobthema*	*Feinthema*	*theoret. Niveau*	*prakt. Niveau*

Position des Versuches im Unterricht

Chemie und ein wenig Physik: Der Ölfleckversuch hat modellhaft gezeigt, wie die Größe submikroskopischer Teilchen annähernd bestimmt werden kann. Nun geht es um die Frage, ob man mit einem primitiven Versuch mit Luftballons die unterschiedliche Teilchengröße diverser Stoffe demonstrieren kann.

Der Versuch

Wohl jedes Kind hat schon die Erfahrung gemacht, daß die Haltbarkeit gefüllter Luftballons begrenzt ist. Eine Ausnahme bilden die modernen, mit Aluminium verspiegelten Ballons aus Kunststoff. In unserem Experiment interessieren uns die herkömmlichen Ballons aus Gummi, die keinesfalls so gasdicht sind, wie es auf dem ersten Blick erscheint. Gummi hat eine netzartige Struktur, die „Schlupflöcher“ für die Gasmoleküle bieten.

Luftballons, die sich in Alter, Größe und Fabrikat nicht unterscheiden, werden mit gleichen Volumina der Gase Wasserstoff (nur im Lehrerversuch!), Stickstoff, Sauerstoff und Kohlendioxid (trocken, aus der Gasflasche!) gefüllt. Nach längerer Wartezeit (ca. 12-18 Stunden) ergibt sich in etwa das folgende Bild:

grober Größenvergleich				
Gas	**Stickstoff**	**Sauerstoff**	**Wasserstoff**	**Kohlendioxid**
Formel	N_2	O_2	H_2	CO_2
Molmasse	28	32	2	44
Vol. in der Luft [%]	78,1	20,9	0	0,03 - 0,06
Mittlere Geschw. bei 20 °C [m/s]	515	480	1930	410
Molekeldurchmesser [nm]	0,316	0,296	0,218	0,460

Einige Diffusions-koeffizienten in cm²/s	Wasserstoff zu Luft	Stickstoff zu Sauerstoff	Sauerstoff zu Kohlendioxid
	0,634	0,17	0,18

Durch die Notwendigkeit der langfristigen Beobachtung bietet sich dieser Versuch als Heimexperiment geradezu an. Für den Transport sollten die gefüllten Ballons in einem Karton oder Müllsack aufbewahrt werden.

Für den Schülerversuch eignen sich die Gase Helium, Kohlendioxid, Sauerstoff und Stickstoff.

Unsere Beobachtungen zeigen, daß dieser Versuch nicht geeignet ist, um unterschiedliche Größen von Teilchen zu demonstrieren. Vor allem der mit CO_2 gefüllte Ballon „tanzt aus der Reihe“: Das naheliegende Argument *Konzentrationsausgleich* müßte schließlich im verstärkten Maße für H_2 gelten!

Trotz eifrigen Recherchierens bin ich noch zu keinem endgültigen Ergebnis gelangt. Deshalb will ich Sie anregen, gemeinsam mit Ihren Schülerinnen und Schülern zu forschen! Dabei sollen Ihnen die Angaben in den Tabellen helfen. Falls Sie mir schreiben wollen: *Michael Kratz, Hammer Landstraße 76, 20537 Hamburg*

Zum Schluß einige Ideen aus verschiedenen Quellen:

- Welche Rolle spielt der Druck, den der Ballon nach innen ausübt?
- Welche Rolle spielen die Konzentrationen der Luftbestandteile? Es besteht dann aber ein Widerspruch zum langsameren diffundieren des Wasserstoffes im Vergleich zum Kohlendioxid!
- Sollte die gute Löslichkeit von Kohlendioxid in Wasser (Luftfeuchtigkeit!) eine Rolle spielen?
- Weiterführende Versuche in der Schule: Gasgefüllte Ballons im Teilvakuum oder in der dem Inhalt entsprechenden Atmosphäre lagern. Weitere Gase verwenden: Methan, Propan, Helium usw.

Eine Bemerkung zum Arbeitsblatt: Wenn Sie die Überlegungen Ihrer Schüler möglichst wenig beeinflussen wollen, empfiehlt es sich, die unten aufgeführten Stichworte beim Kopieren abzudecken.

Name:	**Fach:**	**Klasse:**	**Datum:**

Die „Haltbarkeit“ von Luftballons

C - At 3

Bestimmt hast Du schon die Erfahrung gemacht, daß Luftballons ein vergängliches Vergnügen sind. Auch bei sorgsamer Behandlung schrumpfen sie recht schnell. Besonders die einfachen Gummiballons bieten anscheinend viele „Schlupflöcher“ für die Gasmoleküle.

Welche Gase verlassen den Luftballon eher schnell, welche langsam? Zur experimentellen Überprüfung dieser Frage müssen wir vergleichbare *(objektive)* Versuchsbedingungen schaffen:

- Die Ballons müssen die gleiche Bauart und das gleiche Alter haben. Am besten, sie stammen aus einer gemeinsamen Verkaufspackung. Verwende zur Unterscheidung verschiedenfarbige Ballons aus Gummi.
- Jeder Ballon muß mit dem gleiche Gasvolumen gefüllt werden. Am einfachsten ist es, wenn Du mit einem Partner zusammenarbeitest, der mit einem Maßband den Umfang der Ballons kontrolliert.

Wichtige Daten		**Die verwendeten Gase (bitte ankreuzen!)**	
Fülldatum:	***Umfang der Ballons:*** .... cm	☐ Helium ☐ frische Luft ☐ ausgeatmete Luft	☐ Kohlendioxid aus der Gasflasche / Patrone ☐ Kohlendioxid aus der Mineralwasserflasche
Füllzeit:	***Ort / Aufbewahrung:***	☐ Stickstoff ☐ Sauerstoff ☐	☐ Kohlendioxid aus einer chemischen Reaktion

So erhältst Du die benötigten Gase, falls Du die Ballons nicht in der Schule füllen konntest:

Helium bekommt man in vielen Geschenkeläden. Vielleicht kaufst Du einen der dort angebotenen Ballons aus Kunststoff und füllst den Inhalt zuhause über ein Glasröhrchen in den Gummiballon um?

Frische Luft wird mit einer Luftpumpe in den Ballon gedrückt.

Ausgeatmete Luft: Den Ballon in herkömmlicher Weise aufblasen.

Kohlendioxid aus der Mineralwasserflasche: Hier mußt Du schnell und geschickt vorgehen! Blase den Luftballon einmal kräftig auf, damit das Gummi leichter dehnbar wird. Laß die Luft nach einer Weile wieder heraus. Gib in eine zu zwei Drittel gefüllte Flasche mit frischem kohlesäurehaltigem Mineralwasser etwa einen Eßlöffel Zucker (Trichter verwenden!). Sofort setzt eine heftige Gasentwicklung ein. Stülpe den Ballon über die Öffnung der aufrecht stehenden Flasche, bis er ausreichend mit Kohlendioxid gefüllt ist.

Kohlendioxid aus einer chemischen Reaktion: Es gibt etliche chemische Reaktionen, die Du zur Erzeugung von Kohlendioxid ausnutzen kannst. Als Reaktionsgefäß verwendest Du eine enghalsige Glasflasche. Die eingesetzten Stoffmengen hängen von der Größe der Ballons ab. Das Natron und die Säuren sollten etwa im Verhältnis 1:1 (bezogen auf das Volumen) eingesetzt werden.

- Brausetablette(n) + Wasser
- Weinsäure oder Zitronensäure + Natriumhydrogencarbonat (= Natron) in Wasser
- Essigessenz (Essigsäure 25%) + Natriumhydrogencarbonat

☞ ***Vorsicht! Essigessenz ist ätzend und darf nicht in die Augen gelangen! Falls das doch geschieht, mußt Du die Augen mit viel Wasser ausspülen!***

Lagere die gasgefüllten Ballons an einer geeigneten Stelle. Schaue immer wieder (etwa im Stundenrhythmus) nach, ob sich das Volumen der Ballons geändert hat.

1. Kannst Du einen Zusammenhang zwischen der Volumenabnahme und dem Moleküldurchmesser der Gase erkennen?
   Moleküldurchmesser von H_2=0,218 nm / O_2=0,296 nm / N_2=0,316 nm / CO_2=0,460 nm
2. Das Ergebnis hat Dich eventuell überrascht. Vielleicht hast Du eine oder mehrere Ideen, wie es dazu kommt? Begründe ausführlich Deine Überlegungen.

Stichworte, die vielleicht weiterhelfen:
Diffusion, osmotischer Druck, Gaskinetik, Partialdruck, Löslichkeit von Gasen in Wasser

C - El 1 Elektrolytisches Reinigen von Silber

Chemie	ab 9	Redox-Reaktionen Elektrochemie	Spannungsreihe		
Fach	*Klasse*	*Grobthema*	*Feinthema*	*theoret. Niveau*	*prakt. Niveau*

Position des Versuches im Unterricht

Die Schüler sollten vor der Durchführung des Versuches mit den Grundlagen der Elektrochemie vertraut sein.

Das Experiment bietet mehrere interessante Aspekte:

- *Motivierende Überraschung:* Ein galvanisches Element entsteht dort, wo man es nicht unbedingt vermutet.
- *Alltagsbezug:* Eine praktische Anwendung der elektrolytischen Raffination wird am Beispiel von Schmuck oder Besteck gezeigt.
- *Methodik:* Das forschend-entwickelnde Unterrichtsverfahren kommt zum Einsatz.

Eine vollständige Reaktionsgleichung ist von Schülern bis Jahrgang 10 nicht zu erwarten, da es sich hier um einen recht komplexen Vorgang handelt. Auch in den mir zur Verfügung stehenden Lehrbüchern wird darauf verzichtet.

Fachlicher Hintergrund

Schwefelwasserstoff (H_2S) ist weit verbreitet, Spuren davon befinden sich immer in der Luft. In höheren Konzentrationen kommt dieser Stoff in Lebensmitteln (Eier, Eiweiße) und im Schweiß vor.

Mit Silber entsteht das schwarze Silbersulfid (Ag_2S), dessen mühsames Polieren mehrere Generationen von Dienstpersonal und Familienmitgliedern in großbürgerlichen Haushalten (und aufwärts) beschäftigte.

In Gegenwart eines weniger edlen Metalles (in unserem Fall: Aluminium) und eines Elektrolyten (hier: Kochsalzlösung) nimmt das Silber die Rolle der Kathode ein. Das Aluminium gibt Elektronen ab. Diese reagieren mit dem Silbersulfid. Die positiv geladenen Silberionen (Ag^+) nehmen dabei die Elektronen auf und werden dadurch wieder, wie gewünscht, zu Silberatomen:[1]

vollständige Reaktionsgleichungen:

$$2\,Al + 6\,H_2O \rightarrow 2\,Al^{3+}\,(OH)_3^- + 6\,H$$

$$3\,Ag_2^+S^{2-} + 6\,H \rightarrow 3\,H_2S\uparrow + 6\,Ag\downarrow$$

vereinfachte Reaktionsgleichungen:

$$Al \rightarrow Al^{3+} + 3\,e^-$$

$$3\,Ag^+ + 3\,e^- \rightarrow 3\,Ag$$

Über die Rolle des Natriumchlorids schreibt Birgit EILERS[2]:

Das zugefügte Kochsalz verhindert die lokale Anhäufung gleichsinnig geladener Ionen.
Die Chlorid-Ionen kompensieren die in Lösung gehenden Aluminium-Ionen [$Al^{3+} + 3\,Cl^- \rightarrow Al^{3+}Cl_3^-$, d. A.]; *die Natrium-Ionen die die vom angelaufenen Silber freigesetzten Sulfid- oder Chlorid-Ionen* [$2\,Na^+ + S^{2-} \rightarrow Na_2S$, d. A.].

Die Versuche

Falls nicht gerade riesige Mengen von verunreinigtem Silber gereinigt werden, gehen von diesem Versuch keinerlei Gefahren aus. Um eine Geruchsbelästigung durch eventuell entstehenden Schwefelwasserstoff zu minimieren, sollte aber gut gelüftet werden.

Zu den Fragen

zu 1.: Eier enthalten besonders viel Schwefelwasserstoff, besonders dann, wenn sie nicht mehr frisch sind. Deshalb laufen Silberlöffel besonders schnell an, wenn Eier damit verspeist werden.

zu 2.: Die Antworten sind den Abschnitten 1. und 2. dieser Seite zu entnehmen.

---

1 nach Jürgen REISS: Alltagschemie im Unterricht. Aulis Verlag, Köln [3]1992

2 Birgit EILERS: Schad- und Fremdstoffe in Haushalt und Unterricht. Schroedel Schulbuchverlag, Hannover 1988

Name:	Fach:	Klasse:	Datum:

Elektrolytisches Reinigen von Silber

C - El 1

Noch vor einigen Jahrzehnten wurde wesentlich häufiger **Silberbesteck** benutzt als heute. Gefürchtet waren damals die aufwendigen „Silberputz-Aktionen", die außer Mühe und Schweiß auch Material kosteten, denn durch den mechanischen Abrieb mit Putztüchern ging nach und nach Silber verloren. Das wirkte sich vor allem bei solchem Besteck schädlich aus, das nur mit einer dünnen Silberschicht überzogen war.

Silber ist zwar ein edles Metall, reagiert jedoch leicht mit dem in Nahrung, Schweiß und Luft enthaltenen Schwefel und seinen Verbindungen zu schwarzem **Silbersulfid (Ag_2S).**

Das hier vorgestellte elektrochemische Verfahren ist besonders elegant:

Die Reinigung verläuft „selbsttätig", es geht kein Silber verloren und es entstehen kaum giftige Stoffe.

Die Methode eignet sich zur Reinigung aller silbernen und versilberten Gegenstände wie Besteck, Schmuck (Ketten, Ringe) und Münzen.

Material	Sicherheit und zur Entsorgung
• eine Schüssel (Durchmesser 20-30 cm) • Wasser • Kochsalz (NaCl) • Natriumcarbonat (Na_2CO_3) • Aluminiumfolie • die zu reinigenden Gegenstände aus Silber • ggf. ein Vielfach-Meßinstrument mit zwei Kabeln und zwei Krokodilklemmen	Bei diesem Versuch kann ein wenig **Schwefelwasserstoffgas** entstehen, das sich durch „Geruch nach faulen Eiern" bemerkbar macht. Auch wenn von diesen geringen Mengen kaum eine Gefahr ausgeht, solltest Du während des Experimentierens für **gute Lüftung** sorgen. Die Rückstände können mit Wasser in die Kanalisation gespült werden.

Versuch 1

Kleide eine Schüssel mit einer Schicht Aluminiumfolie aus. Schütte einen halben Liter heißes Wasser hinein, in dem je ein gehäufter Eßlöffel Natriumchlorid (Kochsalz) und Natriumcarbonat (Soda) gelöst sind.

Verbinde den Minuspol eines Meßgerätes (Meßbereich: 3 Volt Gleichspannung) über ein Kabel und eine Krokodilklemme mit der Aluminiumfolie, den Pluspol mit dem silbernen Gegenstand.

Schalte das Meßgerät ein. Tauche das Silber in die Salzlösung, ohne die Aluminiumfolie zu berühren und notiere die angezeigte Spannung.

U = ...

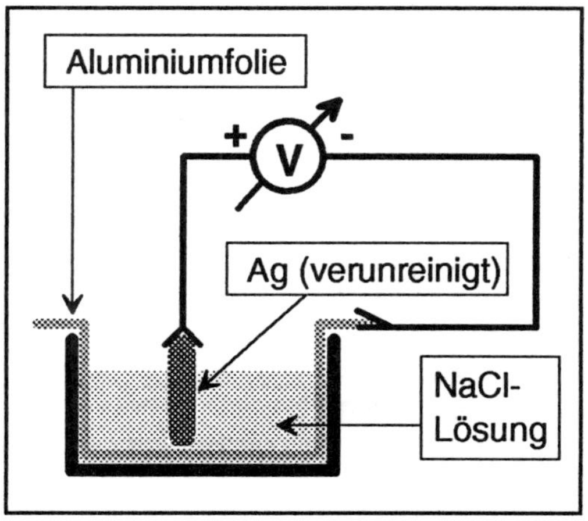

Versuch 2

Lege die zu reinigenden Gegenstände für mehrere Minuten in die Lösung auf die Aluminiumfolie.

Beobachtung: ....

....

....

1. Versuche zu erklären, welche Vorgänge bei den beiden Versuchen stattgefunden haben. Die Stichworte *edel, unedel, Spannungsreihe, Elektrolyse, galvanisches Element, Redox und Hydrolyse* sollen Dir dabei helfen.
2. Eierspeisen sollen nicht mit Silberbesteck in Berührung kommen, Silberschmuck läuft durch Kontakt mit der Haut schwarz an. Welche Schlüsse ziehst Du daraus?

C - El 2 | Eine Batterie nach Art der Parther?

Chemie Physik	ab 9	Elektrochemie Elektrik	galvanische Elemente	???	■■■
Fach	*Klasse*	*Grobthema*	*Feinthema*	*theoret. Niveau*	*prakt. Niveau*

Position des Versuches im Unterricht

Der Versuch eignet sich als Abschluß der Unterrichtseinheit *Elektrochemie* im Fach Chemie oder des Themas *Chemische Wirkungen des elektrischen Stromes* im Fach Physik.

Für ein fächerübergreifendes **Projekt** bietet sich eine Integration der Fächer Geschichte *(Das Volk der Parther / Die Geschichte der Goldschmiedekunst usw.)* und Geographie *(Der vordere Orient - gestern und heute)* an.

Fachlicher Hintergrund

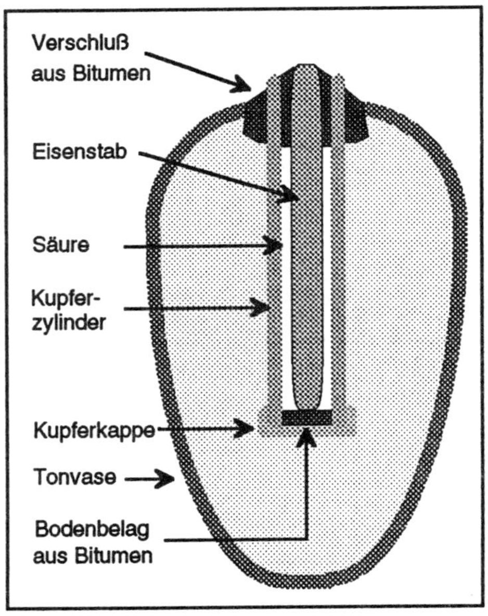

Der Begriff *Galvanisieren* geht auf den Italiener LUIGI GALVANI (1737-1789) zurück, dessen „Froschschenkelversuch" (1789) als früheste Grundlage zur Entwicklung von Batterien betrachtet wird. Das Galvanisieren wurde von WERNER SIEMENS 1840 entwickelt.

Nicht bewiesen ist bis jetzt die Vermutung, daß bereits das Volk der Parther vor ca. 2000 Jahren in Mesopotamien elektrischen Strom zum galvanischen Vergolden genutzt haben. Gestützt wird diese These auf einen Fund (► Abb.) bei Bagdad aus dem Jahr 1936.

Eine 18 cm große Tonvase enthält einen Kupferzylinder, in dem ein oxidierter Eisenstab steckt. An dem Stab befinden sich Reste von Blei und Bitumen. Inzwischen wurden noch mehrere Exemplare gefunden. Die vermuteten Funktionen der Bestandteile:

- Das Bitumen diente zum Abdichten und Isolieren.
- Der Eisenstab und der Kupferzylinder bildeten die Elektroden.
- Als Elektrolyt kommen viele schon in der Antike bekannte saure Flüssigkeiten in Frage (z. B. Wein, Essig).

Mehrere nachgestellte Versuche bestätigen: Es kann sich tatsächlich um ein frühes galvanisches Element handeln, von dem eventuell mehrere Exemplare zu einer Batterie zusammengefaßt wurden. Mit Traubensaft als Elektrolyt wurden 0,5 V Spannung erreicht. Es gelang, eine kleine silberne Figur zu vergolden. Die Frage, woher die Parther das zum Vergolden benötigte Goldzyanid bekommen konnten, ist vielleicht gelöst. Zur Herstellung von Blattgold wurden Goldbleche zwischen Lederlappen gehämmert. Dabei konnte bei schlecht gegerbtem oder verrottendem Leder durch Oxidation Goldzyanid entstehen. Auch die Reinheit der Vergoldungen spricht dafür, daß die Parther bereits galvanisieren konnten.[1]

Der Versuch

Im Heimversuch soll die „Parther-Batterie" nachgebaut werden. Das Galvanisieren ist als Heimversuch allerdings nicht geeignet, weil dazu giftige Substanzen benötigt werden.[2] Es bietet sich aber an, den Versuch in der Schule nachzuholen, eventuell mit mehreren gekoppelten Zellen (z. B. *Vernickeln einer Kupfermünze*).

Zuhause können die Schüler an ihr galvanisches Element etliche Geräte anschließen:
Ein **Galvanoskop,** ein **Meßgerät** („Multimeter"), einen **Ohrhörer** oder einen **Lautsprecher** (Knackgeräusch), einen **Mikromotor** („Solarmotor"), eine **Leuchtdiode als Polprüfer** (ggf. ohne Vorwiderstand) oder an eine **Quarzuhr mit Flüssigkristall-Anzeige**

Zu den Fragen

zu 1.: s. o. (galvanisches Vergolden)
zu 2.: Normpotential Cu = 0,52 V / Fe = -0,04 V   Die Differenz beträgt 0,56 V.
zu 3.: Wein, Essig, diverse Fruchtsäfte, Kochsalzlösung, Sodalösung, Alaunlösung...
zu 4.: Hintereinander- bzw. Parallelschaltung mehrerer Zellen

---

[1] Herzlichen Dank an Herrn Professor Dr. W. JANSEN (Universität Oldenburg) für sein aufschlußreiches Script.

[2] Weitere Versuche und genauere Informationen zur Batterie der Parther finden Sie auf der Doppelseite 021 in Michael KRATZ: Das Blutwunder von Neapel. AOL Verlag, 77837 Lichtenau 1994 (Bestellnummer A270)

Name:	Fach:	Klasse:	Datum:

Eine Batterie nach Art der Parther?

C - El 2

Im Jahr 1936 wurde bei Bagdad ein interessanter Gegenstand gefunden: Eine antike Tonvase, deren Bestandteile den Verdacht zulassen, sie könne als elektrische Zelle gedient haben.
Eure Aufgabe besteht darin, diese „Batterie“ nachzubauen. Die Einzelteile bestehen aus Materialien, die schon vor 2000 Jahren den Parthern in Mesopotamien zur Verfügung standen (Ausnahme: Anstelle der Knete wurde Bitumen verwendet).

Material zum Bau der Zelle	Material zur Überprüfung der Zelle
• Kupferrohr (Länge ca. 10 cm / Durchmesser ca. 30 mm) aus dem Baumarkt • passende Verschlußkappe aus Kunststoff für den Boden • Knete oder Kitt • dicker Eisennagel (mindestens 10 cm lang) • Traubensaft (oder anderer Saft)	• 2 Experimentierkabel • 2-4 Krokodilklemmen • Galvanoskop oder Voltmeter • evtl. Ohrhörer oder kleiner Lautsprecher • evtl. Leuchtdiode • evtl. geöffnete Quarzuhr • evtl. Mikromotor („Solarmotor“)

Montage der Zelle

Die Verschlußkappe aus Kunststoff bildet den Boden der Zelle. Bevor sie auf das Kupferrohr gedrückt wird, kommt noch ein Klumpen Knete als Isolier- bzw. Dichtmaterial dazu (siehe Bild).
Der Eisennagel wird senkrecht in die Mitte des Kupferrohres gestellt (mit dem Kopf nach unten). Die Spitze muß noch etwas herausragen, damit eine Krokodilklemme befestigt werden kann.
Nun wird der Traubensaft eingefüllt. Dann wird der Eisennagel oben mit Knete oder Kitt fixiert.

Die Zelle

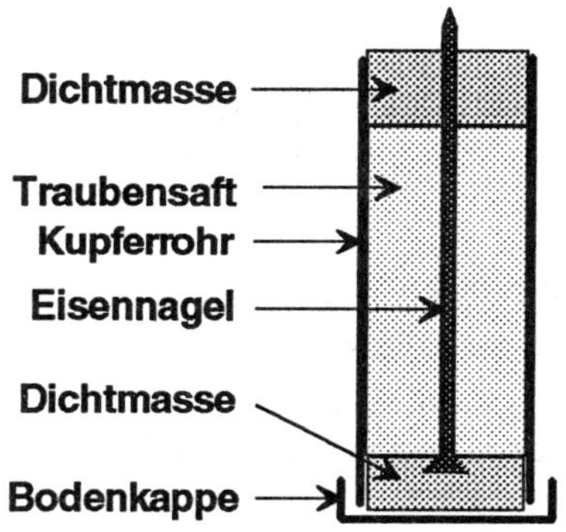

Versuche mit der Zelle

Die Funktion der Batteriezelle kannst Du mit den oben genannten Geräten überprüfen. Versuche herauszufinden, welches Metall den Pluspol und welches den Minuspol bildet.

Beobachtungen:

... mit dem Galvanoskop: ....

... mit dem Meßinstrument (angezeigte Spannung): ....

... weitere Beobachtungen: ....

....

1. Elektrisches Licht, Elektromotoren und Radios kannten die Parther bestimmt nicht! Welchen Sinn könnte eine Batterie für sie gehabt haben?
2. Wie hoch ist die Spannung einer Batteriezelle aus Kupfer und Eisen? Welches der beiden Metalle bildet den Pluspol, welches den Minuspol? Benutze eine geeignete Tabelle.
3. Welche Flüssigkeiten könnten den Parthern als Elektrolyt gedient haben?
4. Eine einzelne Zelle kann nur wenig leisten. Was ist zu tun, um höhere Spannung zu erhalten? Wie erreicht man einer höhere mögliche Stromstärke?

C - El 3 | Elektrisch schreiben und „radieren“

Chemie	ab 9	Elektrochemie	Elektrolyse Indikatoren	???	■■
Fach	*Klasse*	*Grobthema*	*Feinthema*	*theoret. Niveau*	*prakt. Niveau*

Position des Versuches im Unterricht

Im Unterricht wurde bereits die *Elektrolyse* behandelt, ebenso *Säure, Lauge, Indikator* und der *pH-Wert*.

Fachlicher Hintergrund

Bei der Elektrolyse einer Lösung von Natriumchlorid (Na^+Cl^-) finden folgende Reaktionen statt:

Pluspol (Anode): **$Cl^- - 1\,e^- \rightarrow Cl$ / $Cl + Cl \rightarrow Cl_2\uparrow$** (elementares Chlor)

Minuspol (Kathode): **$Na^+ + 1\,e^- \rightarrow Na$** (elementares Natrium; reagiert sofort zu NaOH)

Gibt man zu der Lösung etwas Phenolphthalein, so entsteht an der Kathode eine deutliche Rotfärbung. Dieser Effekt wird bei Polreagenzpapieren ausgenutzt. Außerdem beruht darauf das reizvolle Experiment „Elektrisch schreiben“.[1]

Im folgenden werden die Schulversuche mit Phenolphthalein als Indikator beschrieben.
Die Heimversuche unterscheiden sich durch den Einsatz von Rotkohlsaft (Beschreibung siehe Schülerseite).

Beschreibung der Schulversuche

Für alle Versuche wird eine konzentrierte Natriumchloridlösung mit etwas Phenolphthalein verwendet.

1. Polreagenzpapier:

Ein Streifen Filterpapier wird mit der Lösung getränkt.

Man legt den nassen Streifen über die Zungen einer 4,5V-Flachbatterie, die Anschlüsse eines 9V-Blocks oder berührt ihn mit zwei Elektroden einer Gleichspannungsquelle. Am Minus-Pol tritt intensive Rotfärbung ein.

2. Elektrisch schreiben:

Ein Filter- oder Löschpapier wird mit der Lösung getränkt. Gut durchfeuchtet, aber nicht tropfnaß, wird es auf den Tisch gelegt.

Über eine Krokodilklemme und ein Kabel wird das Filterpapier mit dem Pluspol eines Netztrafos (25 V) verbunden. Der Bananenstecker des Kabels, das mit dem Minuspol verbunden ist, dient als „Schreibstift“.

Wenn das Papier nicht zu naß ist, entsteht eine leuchtend rote Schrift mit scharfen Konturen.

3. Elektrisch radieren:

Die Stecker am Transformator werden vertauscht. Dadurch wird der ehemalige Schreibstift zum „Radiergummi“:

Das am Pluspol entstehende Chlorgas sorgt durch seine Bleichwirkung dafür, daß die rote „Schrift“ verschwindet.

Die Schülerversuche

Am Pluspol zeigt sich zunächst Rotfärbung. Später setzt sich die Bleichwirkung des Chlors durch.

Am Minuspol ist durch die entstehende Natronlauge eine Grünfärbung zu beobachten.

---

[1] Eine Variante des Versuches zur Projektion mit Overhead-Folien für Tintenstrahldrucker finden Sie in dem Buch Michael KRATZ: Das Blutwunder von Neapel. AOL-Verlag, 77837 Lichtenau 1994 (Bestell-Nr. A270)

Name: | Fach: | Klasse: | Datum:

Elektrisch schreiben und „radieren“

C - El 3

Material

- Rotkohl (frisch oder tiefgekühlt), Kochsalz und Wasser
- Filterpapier oder helles Löschpapier
- Flachbatterie 4,5 V oder 9 V „Energieblock“ oder Netzteil
- Netztrafo (Eisenbahn oder Netzteil) mit Gleichspannungs-Ausgang
- 2 Stück Draht (isoliert), 1 Büroklammer, 1 Nagel mit leicht abgestumpfter Spitze

Die Versuche:

Stelle etwa 100 ml Rotkohlsaft aus viel Rotkohl mit wenig Wasser her, weil eine möglichst kräftige Färbung erreicht werden soll. Füge zwei Teelöffel Kochsalz (Natriumchlorid) hinzu und rühre ca. eine Minute lang um. Du benötigst diese Lösung für alle Versuche

Versuch 1:

Tränke einen Streifen Filter- oder Löschpapier mit dieser Lösung und lege den nassen Streifen über die beiden Pole einer Gleichspannungsquelle (4,5 V-Flachbatterie, 9 V Energieblock oder Transformator).

Beobachtung: ....

....

Versuch 2:

Tränke ein Löschblatt oder Filterpapier (ca. 10 cm X 10 cm) mit der Lösung und lege es auf eine glatte Unterlage aus Glas, Kunststoff oder Holz.
Befestige am abisolierten Ende eines Drahtes eine Büroklammer und stecke diese an das Filterpapier (am besten, solange es noch trocken ist). Das andere Ende des Drahtes wird mit dem Pluspol eines Netzteils oder Trafos verbunden.
Am zweiten Draht wird ein großer Nagel (ca. 5-7 cm lang) befestigt, dessen Spitze mit einer Feile oder durch Reiben auf einem Stein etwas abgerundet wurde. Das andere Drahtende wird mit dem Minuspol des Netzgerätes verbunden.
Schalte das Netzgerät ein (Gleichspannung 9 - 12 V). „Male“ mit dem Nagel auf dem Papier.

Beobachtung: ....

....

Versuch 3:

Vertausche die Drähte am Netzgerät und wiederhole Versuch 2.

Beobachtung: ....

....

?

1. Wie erklärst Du Dir die Farbänderungen am Minuspol?
2. Wie kommt es zu der Farbänderung am Pluspol?
3. Formuliere die Reaktionsgleichungen an den beiden Polen.

C - El 4

Elektrochemische Korrosion

Chemie	ab 9	Redox-Reaktionen Elektrochemie	Korrosion Lokalelemente	? ? ?	
Fach	*Klasse*	*Grobthema*	*Feinthema*	*theoret. Niveau*	*prakt. Niveau*

Position des Versuches im Unterricht

Der Einstiegsversuch *Bleistiftspitzer im Salzbad* (C - El 5) hat bereits stattgefunden. Die Begriffe *edel* und *unedel* sind bekannt als Bezeichnung für die unterschiedliche starke Reaktion verschiedener Metalle auf Salzsäure oder Sauerstoff.

Nur sehr begabte Schüler mit umfangreichen Vorkenntnissen werden die Reaktionsgleichungen formulieren können; das muß nachbereitend im Unterricht geschehen.

Der Versuch und ein ergänzender Demonstrationsversuch

Falls die Schüler sich an die Anweisungen halten, bestehen keinerlei Gefahren. Die Durchführung ist einfach.

Für Unterricht im Anschluß an die Auswertung bietet sich folgender Lehrerversuch an:

Zwei Petri-Schalen werden auf die Fläche des Overhead-Projektors gestellt.

In die eine Schale kommt eine eiserne Krokodilklemme, die ein Stück Kupferblech oder Kupferdraht hält, in die andere eine Krokodilklemme mit einem Stück Magnesiumblech.

Beide Schalen werden mit einer Lösung aus Kaliumnitrat, wenig rotem Blutlaugensalz [= Kaliumhexacyanoferrat(III)] und einigen Tropfen Phenolphthalein gefüllt.

Schale 1: Eisen + Kupfer	Im Bereich des Eisens wird blaue, um das Kupfer herum rote Färbung sichtbar.	(Minuspol) $Fe \rightarrow Fe^{2+} + 2\ e^-$ (Pluspol) $2\ e^- + 2\ H_2O \rightarrow H_2 + 2\ (OH)^-$
Schale 2: Eisen + Magnesium	Nur im Bereich des Eisens ändert sich die Farbe (Rotfärbung)	(Minuspol) $Mg \rightarrow Mg^{2+} + 2\ e^-$ (Pluspol) $2\ e^- + 2\ H_2O \rightarrow H_2 + 2\ (OH)^-$

3. Auswertung des Schüler-Versuches

Nr.	mögliche Beobachtungen	Reaktionsgleichungen
1	geringe Veränderung; ggf. rauhe Oberfläche	---
2	ggf. grüne Verfärbungen durch $CuCl_2$	---
3	wie 1	---
4	Die Aluminiumfolie geht in Lösung, der Eisennagel verändert sich kaum.	Anode: $2\ Al \rightarrow 2\ Al^{3+} + 6\ e^-$ Kathode: $6\ H_3O^+ + 6\ e^- \rightarrow 6\ H_2O + 3\ H_2$
5	Das Eisen wird angegriffen, das Kupfer verändert sich kaum.	Anode: $3\ Fe \rightarrow 3\ Fe^{2+} + 6\ e^-$ Kathode: $6\ H_3O^+ + 6\ e^- \rightarrow 6\ H_2O + 3\ H_2$
6	Das Aluminium geht in Lösung, das Kupfer verändert sich kaum.	Anode: $2\ Al \rightarrow 2\ Al^{3+} + 6\ e^-$ Kathode: $6\ H_3O^+ + 6\ e^- \rightarrow 6\ H_2O + 3\ H_2$

Nachbereitung der Aufgaben

1. Beiträge sammeln und diskutieren; die „richtigen“ Interpretationen sind Inhalt des Fachunterrichtes.
2. edel .... unedel: Kupfer, Eisen, Aluminium
3. siehe Tabelle
4. „Verbotene“ Metallkombinationen bei Baukonstruktionen, zerbeulte Weißblechdosen (Sn + Fe), Opferanoden bei Schiffen.

Name:	Fach:	Klasse:	Datum:

Elektrochemische Korrosion

C - El 4

Du weißt: Viele Metalle verändern sich an der Luft. Der Fachausdruck dafür lautet *Korrosion.* Das bekannteste Beispiel ist das Rosten von Eisen. Dir ist auch bekannt, daß Feuchtigkeit und Salz das Rosten fördern. Es gibt jedoch weitere Faktoren, die die Korrosion fördern. Diese wirst Du in den folgenden Versuchen kennenlernen.

Material	Sicherheit und Umwelt
6 flache Schalen aus Glas oder Kunststoff Durchmesser ca. 5-8 cm 3 Eisennägel, ca. 5 cm lang (direkt vor dem Versuch blank schmirgeln) Aluminiumfolie oder -blech blanker Kupferdraht, z. B. aus Stromkabel 0,5 l Kochsalz-Lösung (5 Eßlöffel Salz)	Alle verwendeten Stoffe sind ungiftig. Die Lösungen können nach dem Versuch mit viel Wasser in den Ausguß geschüttet werden. **WARNUNG!** **Nur Wasser und Kochsalz dürfen für die Lösung verwendet werden! Zusammen mit Essig bildet Kupfer ein giftiges Salz!**

Die Versuche

In alle Schalen wird etwa 1 cm hoch Kochsalzlösung gefüllt. Was außerdem hineinkommt, erfährst Du aus der Tabelle, in die Du auch Deine Beobachtungen eintragen wirst.

Schale	Inhalt (+ Kochsalzlösung)	Beobachtungen
1	ein blanker Eisennagel	
2	ein Stück Kupferdraht	
3	ein Stück Aluminiumfolie oder dünnes Aluminiumblech	
4	ein Eisennagel, dessen eine Hälfte mit Aluminium umwickelt ist	
5	ein Eisennagel, dessen eine Hälfte mit Kupferdraht umwickelt ist	
6	ein Stück Kupferdraht mit Aluminiumfolie oder -blech verdrillen	

- Bitte mehrere Tage stehen lassen; zwischendurch immer wieder beobachten.
- Bei den Schalen 4, 5 und 6 ist darauf zu achten, daß beide Metalle Kontakt mit der Lösung haben!

Bearbeite folgende Aufgaben in Deinem Heft!

1. Interpretiere Deine Beobachtungen (die Stichworte sollen als Hilfe dienen).
2. Ordne die drei Metalle danach, wie „edel“ sie sind.
3. Für Fortgeschrittene: Formuliere die Reaktionsgleichungen
4. Welche Bedeutung haben die beobachteten Erscheinungen für Technik und Handwerk?

Stichworte: *Lokalelement, elektrochemische Korrosion, Spannungsreihe*

Informiere Dich in Deinem Chemiebuch oder im Lexikon!

C - El 5 Der Bleistiftspitzer im Salzbad

Chemie	ab 9	Redox-Reaktionen Elektrochemie	elektrochemische Korrosion		
Fach	*Klasse*	*Grobthema*	*Feinthema*	*theoret. Niveau*	*prakt. Niveau*

Position des Versuches im Unterricht

Das Experiment eignet sich einerseits als Überraschungsversuch zum Einstieg in das Thema *Lokalelemente und elektrochemische Korrosion.* In diesem Fall bleibt es zunächst beim Protokollieren des Phänomens; die elektrochemischen Grundlagen werden im Rahmen der darauffolgenden Versuche zur elektrochemischen Korrosion erarbeitet.

Der Einsatz als Abschluß einer Unterrichtseinheit *Elektrochemie* ist ebenfalls denkbar. In diesem Fall muß aber die schwierige zugrunde liegende Theorie gründlicher erarbeitet werden - ein Thema für die gymnasiale Oberstufe. Hier hat das selbständige Forschen Priorität.

Das Phänomen

Legt man einen Bleistiftspitzer mit einem Gehäuse aus Aluminium bzw. Magnsium und einer Klinge aus Stahl (Eisen) in eine starke Kochsalzlösung, so läßt sich vieles beobachten:

- Es tritt eine leichte Gasentwicklung ein, besonders am Stahl.
- Die Lösung wird mit der Zeit milchig-trüb.
- Das Gehäuse wird zunächst rauh, bis es nach einigen Stunden in Lösung gegangen ist.
- Die Stahlklinge und die Messingschraube bleiben unversehrt.

Der Schülerversuch

Der Versuch ist einfach und gefahrlos. Es entstehen keine problematischen Abfälle.

Hinweis: Vielleicht erscheint es abstrus, einen Bleistiftspitzer zu „opfern". Ich schlage vor, diesen Versuch von einem Schüler oder einer Gruppe durchführen und anschließend referieren zu lassen.

Die übrigen Schüler werden dies beim Experiment C - El 4 mit einem Eisennagel und Aluminiumfolie oder Aluminiumblech in abgewandelter Form tun.

Mögliche Beobachtungen und Interpretationen

„Aluminium wird von Salzwasser leichter als Stahl angegriffen.
Vielleicht hat das auch etwas mit einer Batterie zu tun, denn wenn ich Klinge und Gehäuse gleichzeitig mit der Zunge berühre, empfinde ich einen ganz schwachen Strom."

Eventuell kommen die Schüler alleine auf die Idee, das Gehäuse ohne Klinge in die Salzlösung zu geben!

Das Ergebnis

Der Bleistiftspitzer besteht aus Eisen (Klinge), Messing (Schraube) und Aluminium / Magnesium (Gehäuse).[1]
Zusammen mit einem Elektrolyten (Kochsalzlösung) entsteht ein galvanisches Element („Lokalelement").

Reaktion am Al bzw. Mg („unedel"):	**$2\ Al \rightarrow 2\ Al^{3+} + 6\ e^-$**	**$2\ Mg \rightarrow 2\ Mg^{2+} + 4\ e^-$**
Reaktion am Stahl („edel"):	**$6\ H_3O^+ + 6\ e^- \rightarrow 6\ H_2O + 3\ H_2$**	**$4\ H_3O^+ + 4\ e^- \rightarrow 4\ H_2O + 2\ H_2$**

- Das unedlere Aluminium bzw. Magnesium geht als Ion in Lösung.
- Der Stahl bleibt, wie er ist.
- Das entstehende Gas ist Wasserstoff

Zusatzversuch: Die Aluminiumfolie wird an den Kontaktstellen mit dem Pfennigstück allmählich löchrig. In einer Lösung von Kochsalz findet dieser Prozeß schneller statt. Schaden kann durch ungünstig kombiniertes Material entstehen, z. B. bei einer Schwimmbadleiter aus Aluminium mit Nieten aus Kupfer.

---

[1] In ihrem Artikel *Quantitative Schulversuche mit einer Magnesiumlegierung aus dem Alltag* (erschienen in *Naturwissenschaften im Unterricht - Chemie* / Ausgabe 5/94) gehen Peter PFEIFER und Monika HORN davon aus, daß die Spitzergehäuse aus Magnesium bestehen. Sollte dies zutreffen, ändert sich für unseren Versuch nur wenig, da Magnesium ebenfalls weniger edel als Eisen ist.
Die Identifikation erfolgt über die Bestimmung der Dichte (1,74 g cm^{-3} bei Mg bzw. 2,70 g cm^{-3} bei Al), außerdem reagiert Magnesium erheblich heftiger als Aluminium mit verdünnter Salzsäure.

Name:	Fach:	Klasse:	Datum:

Elektrolytisches Reinigen von Silber

C - El 1

Noch vor einigen Jahrzehnten wurde wesentlich häufiger **Silberbesteck** benutzt als heute. Gefürchtet waren damals die aufwendigen „Silberputz-Aktionen“, die außer Mühe und Schweiß auch Material kosteten, denn durch den mechanischen Abrieb mit Putztüchern ging nach und nach Silber verloren. Das wirkte sich vor allem bei solchem Besteck schädlich aus, das nur mit einer dünnen Silberschicht überzogen war.

Silber ist zwar ein edles Metall, reagiert jedoch leicht mit dem in Nahrung, Schweiß und Luft enthaltenen Schwefel und seinen Verbindungen zu schwarzem **Silbersulfid (Ag_2S).**

Das hier vorgestellte elektrochemische Verfahren ist besonders elegant:

Die Reinigung verläuft „selbsttätig“, es geht kein Silber verloren und es entstehen kaum giftige Stoffe.

Die Methode eignet sich zur Reinigung aller silbernen und versilberten Gegenstände wie Besteck, Schmuck (Ketten, Ringe) und Münzen.

Material	Sicherheit und zur Entsorgung
• eine Schüssel (Durchmesser 20-30 cm) • Wasser • Kochsalz (NaCl) • Natriumcarbonat (Na_2CO_3) • Aluminiumfolie • die zu reinigenden Gegenstände aus Silber • ggf. ein Vielfach-Meßinstrument mit zwei Kabeln und zwei Krokodilklemmen	Bei diesem Versuch kann ein wenig **Schwefelwasserstoffgas** entstehen, das sich durch „Geruch nach faulen Eiern“ bemerkbar macht. Auch wenn von diesen geringen Mengen kaum eine Gefahr ausgeht, solltest Du während des Experimentierens für **gute Lüftung** sorgen. Die Rückstände können mit Wasser in die Kanalisation gespült werden.

Versuch 1

Kleide eine Schüssel mit einer Schicht Aluminiumfolie aus. Schütte einen halben Liter heißes Wasser hinein, in dem je ein gehäufter Eßlöffel Natriumchlorid (Kochsalz) und Natriumcarbonat (Soda) gelöst sind.

Verbinde den Minuspol eines Meßgerätes (Meßbereich: 3 Volt Gleichspannung) über ein Kabel und eine Krokodilklemme mit der Aluminiumfolie, den Pluspol mit dem silbernen Gegenstand.

Schalte das Meßgerät ein. Tauche das Silber in die Salzlösung, ohne die Aluminiumfolie zu berühren und notiere die angezeigte Spannung.

U = ...

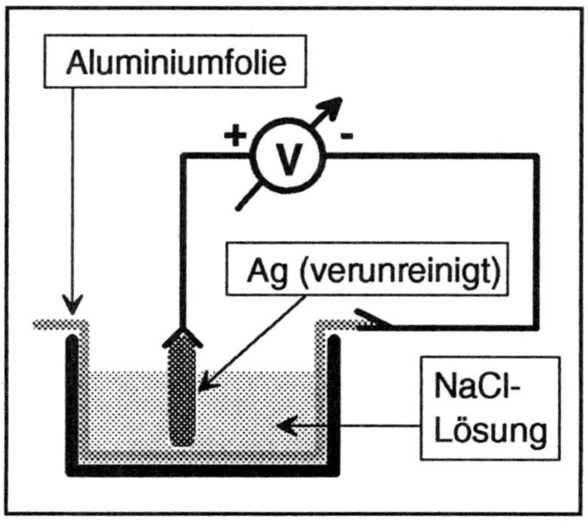

Versuch 2

Lege die zu reinigenden Gegenstände für mehrere Minuten in die Lösung auf die Aluminiumfolie.

Beobachtung: ....

....

....

1. Versuche zu erklären, welche Vorgänge bei den beiden Versuchen stattgefunden haben. Die Stichworte *edel, unedel, Spannungsreihe, Elektrolyse, galvanisches Element, Redox und Hydrolyse* sollen Dir dabei helfen.
2. Eierspeisen sollen nicht mit Silberbesteck in Berührung kommen, Silberschmuck läuft durch Kontakt mit der Haut schwarz an. Welche Schlüsse ziehst Du daraus?

C - El 2 | Eine Batterie nach Art der Parther?

Chemie Physik	ab 9	Elektrochemie Elektrik	galvanische Elemente	???	■■■
Fach	*Klasse*	*Grobthema*	*Feinthema*	*theoret. Niveau*	*prakt. Niveau*

Position des Versuches im Unterricht

Der Versuch eignet sich als Abschluß der Unterrichtseinheit *Elektrochemie* im Fach Chemie oder des Themas *Chemische Wirkungen des elektrischen Stromes* im Fach Physik.

Für ein fächerübergreifendes **Projekt** bietet sich eine Integration der Fächer Geschichte *(Das Volk der Parther / Die Geschichte der Goldschmiedekunst usw.)* und Geographie *(Der vordere Orient - gestern und heute)* an.

Fachlicher Hintergrund

Der Begriff *Galvanisieren* geht auf den Italiener LUIGI GALVANI (1737-1789) zurück, dessen „Froschschenkelversuch" (1789) als früheste Grundlage zur Entwicklung von Batterien betrachtet wird. Das Galvanisieren wurde von WERNER SIEMENS 1840 entwickelt.

Nicht bewiesen ist bis jetzt die Vermutung, daß bereits das Volk der Parther vor ca. 2000 Jahren in Mesopotamien elektrischen Strom zum galvanischen Vergolden genutzt haben. Gestützt wird diese These auf einen Fund (► Abb.) bei Bagdad aus dem Jahr 1936.

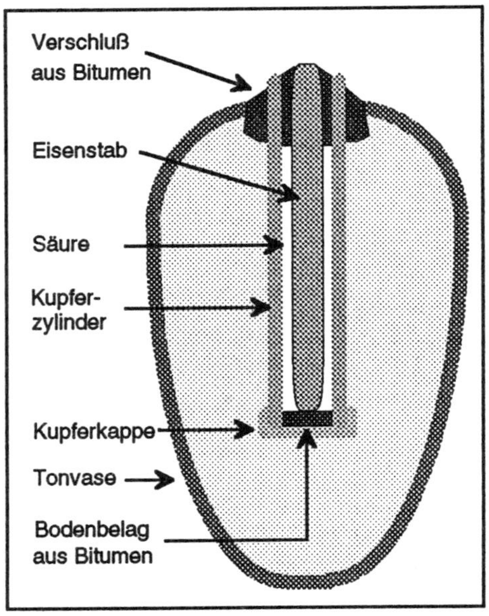

Eine 18 cm große Tonvase enthält einen Kupferzylinder, in dem ein oxidierter Eisenstab steckt. An dem Stab befinden sich Reste von Blei und Bitumen. Inzwischen wurden noch mehrere Exemplare gefunden. Die vermuteten Funktionen der Bestandteile:

- Das Bitumen diente zum Abdichten und Isolieren.
- Der Eisenstab und der Kupferzylinder bildeten die Elektroden.
- Als Elektrolyt kommen viele schon in der Antike bekannte saure Flüssigkeiten in Frage (z. B. Wein, Essig).

Mehrere nachgestellte Versuche bestätigen: Es kann sich tatsächlich um ein frühes galvanisches Element handeln, von dem eventuell mehrere Exemplare zu einer Batterie zusammengefaßt wurden. Mit Traubensaft als Elektrolyt wurden 0,5 V Spannung erreicht. Es gelang, eine kleine silberne Figur zu vergolden. Die Frage, woher die Parther das zum Vergolden benötigte Goldzyanid bekommen konnten, ist vielleicht gelöst. Zur Herstellung von Blattgold wurden Goldbleche zwischen Lederlappen gehämmert. Dabei konnte bei schlecht gegerbtem oder verrottendem Leder durch Oxidation Goldzyanid entstehen. Auch die Reinheit der Vergoldungen spricht dafür, daß die Parther bereits galvanisieren konnten.[1]

Der Versuch

Im Heimversuch soll die „Parther-Batterie" nachgebaut werden. Das Galvanisieren ist als Heimversuch allerdings nicht geeignet, weil dazu giftige Substanzen benötigt werden.[2] Es bietet sich aber an, den Versuch in der Schule nachzuholen, eventuell mit mehreren gekoppelten Zellen (z. B. *Vernickeln einer Kupfermünze*).

Zuhause können die Schüler an ihr galvanisches Element etliche Geräte anschließen:
Ein **Galvanoskop,** ein **Meßgerät** („Multimeter"), einen **Ohrhörer** oder einen **Lautsprecher** (Knackgeräusch), einen **Mikromotor** („Solarmotor"), eine **Leuchtdiode als Polprüfer** (ggf. ohne Vorwiderstand) oder an eine **Quarzuhr mit Flüssigkristall-Anzeige**

Zu den Fragen

zu 1.: s. o. (galvanisches Vergolden)
zu 2.: Normpotential Cu = 0,52 V / Fe = -0,04 V   Die Differenz beträgt 0,56 V.
zu 3.: Wein, Essig, diverse Fruchtsäfte, Kochsalzlösung, Sodalösung, Alaunlösung...
zu 4.: Hintereinander- bzw. Parallelschaltung mehrerer Zellen

---

[1] Herzlichen Dank an Herrn Professor Dr. W. JANSEN (Universität Oldenburg) für sein aufschlußreiches Script.

[2] Weitere Versuche und genauere Informationen zur Batterie der Parther finden Sie auf der Doppelseite 021 in Michael KRATZ: Das Blutwunder von Neapel. AOL Verlag, 77837 Lichtenau 1994 (Bestellnummer A270)

Name:	Fach:	Klasse:	Datum:

Eine Batterie nach Art der Parther?

C - El 2

Im Jahr 1936 wurde bei Bagdad ein interessanter Gegenstand gefunden: Eine antike Tonvase, deren Bestandteile den Verdacht zulassen, sie könne als elektrische Zelle gedient haben.
Eure Aufgabe besteht darin, diese „Batterie" nachzubauen. Die Einzelteile bestehen aus Materialien, die schon vor 2000 Jahren den Parthern in Mesopotamien zur Verfügung standen (Ausnahme: Anstelle der Knete wurde Bitumen verwendet).

Material zum Bau der Zelle	Material zur Überprüfung der Zelle
◆ Kupferrohr (Länge ca. 10 cm / Durchmesser ca. 30 mm) aus dem Baumarkt ◆ passende Verschlußkappe aus Kunststoff für den Boden ◆ Knete oder Kitt ◆ dicker Eisennagel (mindestens 10 cm lang) ◆ Traubensaft (oder anderer Saft)	◆ 2 Experimentierkabel ◆ 2-4 Krokodilklemmen ◆ Galvanoskop oder Voltmeter ◆ evtl. Ohrhörer oder kleiner Lautsprecher ◆ evtl. Leuchtdiode ◆ evtl. geöffnete Quarzuhr ◆ evtl. Mikromotor („Solarmotor")

Montage der Zelle

Die Verschlußkappe aus Kunststoff bildet den Boden der Zelle. Bevor sie auf das Kupferrohr gedrückt wird, kommt noch ein Klumpen Knete als Isolier- bzw. Dichtmaterial dazu (siehe Bild).
Der Eisennagel wird senkrecht in die Mitte des Kupferrohres gestellt (mit dem Kopf nach unten). Die Spitze muß noch etwas herausragen, damit eine Krokodilklemme befestigt werden kann.
Nun wird der Traubensaft eingefüllt. Dann wird der Eisennagel oben mit Knete oder Kitt fixiert.

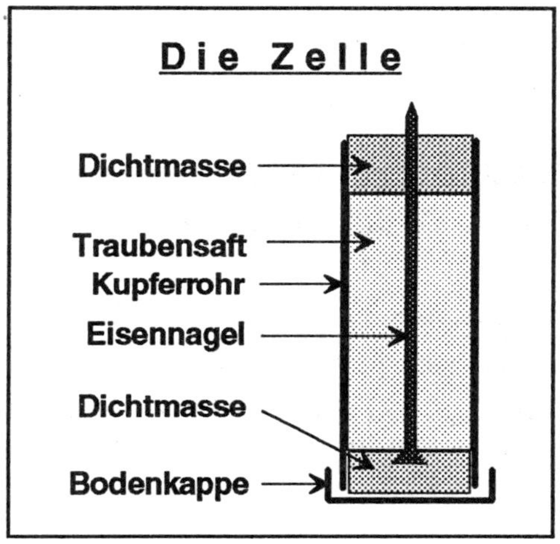

Versuche mit der Zelle

Die Funktion der Batteriezelle kannst Du mit den oben genannten Geräten überprüfen. Versuche herauszufinden, welches Metall den Pluspol und welches den Minuspol bildet.

Beobachtungen:

... mit dem Galvanoskop: ....

... mit dem Meßinstrument (angezeigte Spannung): ....

... weitere Beobachtungen: ....

....

?

1. Elektrisches Licht, Elektromotoren und Radios kannten die Parther bestimmt nicht! Welchen Sinn könnte eine Batterie für sie gehabt haben?
2. Wie hoch ist die Spannung einer Batteriezelle aus Kupfer und Eisen? Welches der beiden Metalle bildet den Pluspol, welches den Minuspol? Benutze eine geeignete Tabelle.
3. Welche Flüssigkeiten könnten den Parthern als Elektrolyt gedient haben?
4. Eine einzelne Zelle kann nur wenig leisten. Was ist zu tun, um höhere Spannung zu erhalten? Wie erreicht man einer höhere mögliche Stromstärke?

C - El 3	Elektrisch schreiben und „radieren“

Chemie	ab 9	Elektrochemie	Elektrolyse Indikatoren	???	
Fach	*Klasse*	*Grobthema*	*Feinthema*	*theoret. Niveau*	*prakt. Niveau*

Position des Versuches im Unterricht

Im Unterricht wurde bereits die *Elektrolyse* behandelt, ebenso *Säure, Lauge, Indikator* und der *pH-Wert*.

Fachlicher Hintergrund

Bei der Elektrolyse einer Lösung von Natriumchlorid (Na^+Cl^-) finden folgende Reaktionen statt:

Pluspol (Anode): $Cl^- - 1\,e^- \rightarrow Cl$ / $Cl + Cl \rightarrow Cl_2\uparrow$ (elementares Chlor)

Minuspol (Kathode): $Na^+ + 1\,e^- \rightarrow Na$ (elementares Natrium; reagiert sofort zu NaOH)

Gibt man zu der Lösung etwas Phenolphthalein, so entsteht an der Kathode eine deutliche Rotfärbung. Dieser Effekt wird bei Polreagenzpapieren ausgenutzt. Außerdem beruht darauf das reizvolle Experiment „Elektrisch schreiben“.[1]

Im folgenden werden die Schulversuche mit Phenolphthalein als Indikator beschrieben.

Die Heimversuche unterscheiden sich durch den Einsatz von Rotkohlsaft (Beschreibung siehe Schülerseite).

Beschreibung der Schulversuche

Für alle Versuche wird eine konzentrierte Natriumchloridlösung mit etwas Phenolphthalein verwendet.

1. Polreagenzpapier:

Ein Streifen Filterpapier wird mit der Lösung getränkt.

Man legt den nassen Streifen über die Zungen einer 4,5V-Flachbatterie, die Anschlüsse eines 9V-Blocks oder berührt ihn mit zwei Elektroden einer Gleichspannungsquelle. Am Minus-Pol tritt intensive Rotfärbung ein.

2. Elektrisch schreiben:

Ein Filter- oder Löschpapier wird mit der Lösung getränkt. Gut durchfeuchtet, aber nicht tropfnaß, wird es auf den Tisch gelegt.

Über eine Krokodilklemme und ein Kabel wird das Filterpapier mit dem Pluspol eines Netztrafos (25 V) verbunden. Der Bananenstecker des Kabels, das mit dem Minuspol verbunden ist, dient als „Schreibstift“.

Wenn das Papier nicht zu naß ist, entsteht eine leuchtend rote Schrift mit scharfen Konturen.

3. Elektrisch radieren:

Die Stecker am Transformator werden vertauscht. Dadurch wird der ehemalige Schreibstift zum „Radiergummi“:

Das am Pluspol entstehende Chlorgas sorgt durch seine Bleichwirkung dafür, daß die rote „Schrift“ verschwindet.

Die Schülerversuche

Am Pluspol zeigt sich zunächst Rotfärbung. Später setzt sich die Bleichwirkung des Chlors durch.

Am Minuspol ist durch die entstehende Natronlauge eine Grünfärbung zu beobachten.

---

[1] Eine Variante des Versuches zur Projektion mit Overhead-Folien für Tintenstrahldrucker finden Sie in dem Buch Michael KRATZ: Das Blutwunder von Neapel. AOL-Verlag, 77837 Lichtenau 1994 (Bestell-Nr. A270)

Name: | Fach: | Klasse: | Datum:

Elektrisch schreiben und „radieren“

C - El 3

Material

- Rotkohl (frisch oder tiefgekühlt), Kochsalz und Wasser
- Filterpapier oder helles Löschpapier
- Flachbatterie 4,5 V oder 9 V „Energieblock“ oder Netzteil
- Netztrafo (Eisenbahn oder Netzteil) mit Gleichspannungs-Ausgang
- 2 Stück Draht (isoliert), 1 Büroklammer, 1 Nagel mit leicht abgestumpfter Spitze

Die Versuche:

Stelle etwa 100 ml Rotkohlsaft aus viel Rotkohl mit wenig Wasser her, weil eine möglichst kräftige Färbung erreicht werden soll. Füge zwei Teelöffel Kochsalz (Natriumchlorid) hinzu und rühre ca. eine Minute lang um. Du benötigst diese Lösung für alle Versuche

Versuch 1:

Tränke einen Streifen Filter- oder Löschpapier mit dieser Lösung und lege den nassen Streifen über die beiden Pole einer Gleichspannungsquelle (4,5 V-Flachbatterie, 9 V Energieblock oder Transformator).

Beobachtung: ....

....

Versuch 2:

Tränke ein Löschblatt oder Filterpapier (ca. 10 cm X 10 cm) mit der Lösung und lege es auf eine glatte Unterlage aus Glas, Kunststoff oder Holz.
Befestige am abisolierten Ende eines Drahtes eine Büroklammer und stecke diese an das Filterpapier (am besten, solange es noch trocken ist). Das andere Ende des Drahtes wird mit dem Pluspol eines Netzteils oder Trafos verbunden.
Am zweiten Draht wird ein großer Nagel (ca. 5-7 cm lang) befestigt, dessen Spitze mit einer Feile oder durch Reiben auf einem Stein etwas abgerundet wurde. Das andere Drahtende wird mit dem Minuspol des Netzgerätes verbunden.
Schalte das Netzgerät ein (Gleichspannung 9 - 12 V). „Male“ mit dem Nagel auf dem Papier.

Beobachtung: ....

....

Versuch 3:

Vertausche die Drähte am Netzgerät und wiederhole Versuch 2.

Beobachtung: ....

....

?

1. Wie erklärst Du Dir die Farbänderungen am Minuspol?
2. Wie kommt es zu der Farbänderung am Pluspol?
3. Formuliere die Reaktionsgleichungen an den beiden Polen.

C - El 4

Elektrochemische Korrosion

Chemie	ab 9	Redox-Reaktionen Elektrochemie	Korrosion Lokalelemente		
Fach	*Klasse*	*Grobthema*	*Feinthema*	*theoret. Niveau*	*prakt. Niveau*

Position des Versuches im Unterricht

Der Einstiegsversuch *Bleistiftspitzer im Salzbad* (C - El 5) hat bereits stattgefunden. Die Begriffe *edel* und *unedel* sind bekannt als Bezeichnung für die unterschiedliche starke Reaktion verschiedener Metalle auf Salzsäure oder Sauerstoff.

Nur sehr begabte Schüler mit umfangreichen Vorkenntnissen werden die Reaktionsgleichungen formulieren können; das muß nachbereitend im Unterricht geschehen.

Der Versuch und ein ergänzender Demonstrationsversuch

Falls die Schüler sich an die Anweisungen halten, bestehen keinerlei Gefahren. Die Durchführung ist einfach.

Für Unterricht im Anschluß an die Auswertung bietet sich folgender Lehrerversuch an:

Zwei Petri-Schalen werden auf die Fläche des Overhead-Projektors gestellt.

In die eine Schale kommt eine eiserne Krokodilklemme, die ein Stück Kupferblech oder Kupferdraht hält, in die andere eine Krokodilklemme mit einem Stück Magnesiumblech.

Beide Schalen werden mit einer Lösung aus Kaliumnitrat, wenig rotem Blutlaugensalz [= Kaliumhexacyanoferrat(III)] und einigen Tropfen Phenolphthalein gefüllt.

Schale 1: Eisen + Kupfer	Im Bereich des Eisens wird blaue, um das Kupfer herum rote Färbung sichtbar.	(Minuspol) $Fe \rightarrow Fe^{2+} + 2\ e^-$ (Pluspol) $2\ e^- + 2\ H_2O \rightarrow H_2 + 2\ (OH)^-$
Schale 2: Eisen + Magnesium	Nur im Bereich des Eisens ändert sich die Farbe (Rotfärbung)	(Minuspol) $Mg \rightarrow Mg^{2+} + 2\ e^-$ (Pluspol) $2\ e^- + 2\ H_2O \rightarrow H_2 + 2\ (OH)^-$

3. Auswertung des Schüler-Versuches

Nr.	mögliche Beobachtungen	Reaktionsgleichungen
1	geringe Veränderung; ggf. rauhe Oberfläche	---
2	ggf. grüne Verfärbungen durch $CuCl_2$	---
3	wie 1	---
4	Die Aluminiumfolie geht in Lösung, der Eisennagel verändert sich kaum.	Anode: $2\ Al \rightarrow 2\ Al^{3+} + 6\ e^-$ Kathode: $6\ H_3O^+ + 6\ e^- \rightarrow 6\ H_2O + 3\ H_2$
5	Das Eisen wird angegriffen, das Kupfer verändert sich kaum.	Anode: $3\ Fe \rightarrow 3\ Fe^{2+} + 6\ e^-$ Kathode: $6\ H_3O^+ + 6\ e^- \rightarrow 6\ H_2O + 3\ H_2$
6	Das Aluminium geht in Lösung, das Kupfer verändert sich kaum.	Anode: $2\ Al \rightarrow 2\ Al^{3+} + 6\ e^-$ Kathode: $6\ H_3O^+ + 6\ e^- \rightarrow 6\ H_2O + 3\ H_2$

Nachbereitung der Aufgaben

1. Beiträge sammeln und diskutieren; die „richtigen“ Interpretationen sind Inhalt des Fachunterrichtes.
2. edel .... unedel: Kupfer, Eisen, Aluminium
3. siehe Tabelle
4. „Verbotene“ Metallkombinationen bei Baukonstruktionen, zerbeulte Weißblechdosen (Sn + Fe), Opferanoden bei Schiffen.

Name:	Fach:	Klasse:	Datum:

Elektrochemische Korrosion

C - El 4

Du weißt: Viele Metalle verändern sich an der Luft. Der Fachausdruck dafür lautet *Korrosion.* Das bekannteste Beispiel ist das Rosten von Eisen. Dir ist auch bekannt, daß Feuchtigkeit und Salz das Rosten fördern. Es gibt jedoch weitere Faktoren, die die Korrosion fördern. Diese wirst Du in den folgenden Versuchen kennenlernen.

Material	Sicherheit und Umwelt
6 flache Schalen aus Glas oder Kunststoff Durchmesser ca. 5-8 cm 3 Eisennägel, ca. 5 cm lang (direkt vor dem Versuch blank schmirgeln) Aluminiumfolie oder -blech blanker Kupferdraht, z. B. aus Stromkabel 0,5 l Kochsalz-Lösung (5 Eßlöffel Salz)	Alle verwendeten Stoffe sind ungiftig. Die Lösungen können nach dem Versuch mit viel Wasser in den Ausguß geschüttet werden. **WARNUNG!** **Nur Wasser und Kochsalz dürfen für die Lösung verwendet werden! Zusammen mit Essig bildet Kupfer ein giftiges Salz!**

Die Versuche

In alle Schalen wird etwa 1 cm hoch Kochsalzlösung gefüllt. Was außerdem hineinkommt, erfährst Du aus der Tabelle, in die Du auch Deine Beobachtungen eintragen wirst.

Schale	Inhalt (+ Kochsalzlösung)	Beobachtungen
1	ein blanker Eisennagel	
2	ein Stück Kupferdraht	
3	ein Stück Aluminiumfolie oder dünnes Aluminiumblech	
4	ein Eisennagel, dessen eine Hälfte mit Aluminium umwickelt ist	
5	ein Eisennagel, dessen eine Hälfte mit Kupferdraht umwickelt ist	
6	ein Stück Kupferdraht mit Aluminiumfolie oder -blech verdrillen	

- Bitte mehrere Tage stehen lassen; zwischendurch immer wieder beobachten.
- Bei den Schalen 4, 5 und 6 ist darauf zu achten, daß beide Metalle Kontakt mit der Lösung haben!

Bearbeite folgende Aufgaben in Deinem Heft!

1. Interpretiere Deine Beobachtungen (die Stichworte sollen als Hilfe dienen).
2. Ordne die drei Metalle danach, wie „edel" sie sind.
3. Für Fortgeschrittene: Formuliere die Reaktionsgleichungen
4. Welche Bedeutung haben die beobachteten Erscheinungen für Technik und Handwerk?

Stichworte: *Lokalelement, elektrochemische Korrosion, Spannungsreihe*
Informiere Dich in Deinem Chemiebuch oder im Lexikon!

C - El 5

Der Bleistiftspitzer im Salzbad

Chemie	ab 9	Redox-Reaktionen Elektrochemie	elektrochemische Korrosion	? ? ?	
Fach	*Klasse*	*Grobthema*	*Feinthema*	*theoret. Niveau*	*prakt. Niveau*

Position des Versuches im Unterricht

Das Experiment eignet sich einerseits als Überraschungsversuch zum Einstieg in das Thema *Lokalelemente und elektrochemische Korrosion.* In diesem Fall bleibt es zunächst beim Protokollieren des Phänomens; die elektrochemischen Grundlagen werden im Rahmen der darauffolgenden Versuche zur elektrochemischen Korrosion erarbeitet.

Der Einsatz als Abschluß einer Unterrichtseinheit *Elektrochemie* ist ebenfalls denkbar. In diesem Fall muß aber die schwierige zugrunde liegende Theorie gründlicher erarbeitet werden - ein Thema für die gymnasiale Oberstufe. Hier hat das selbständige Forschen Priorität.

Das Phänomen

Legt man einen Bleistiftspitzer mit einem Gehäuse aus Aluminium bzw. Magnsium und einer Klinge aus Stahl (Eisen) in eine starke Kochsalzlösung, so läßt sich vieles beobachten:

- Es tritt eine leichte Gasentwicklung ein, besonders am Stahl.
- Die Lösung wird mit der Zeit milchig-trüb.
- Das Gehäuse wird zunächst rauh, bis es nach einigen Stunden in Lösung gegangen ist.
- Die Stahlklinge und die Messingschraube bleiben unversehrt.

Der Schülerversuch

Der Versuch ist einfach und gefahrlos. Es entstehen keine problematischen Abfälle.

Hinweis: Vielleicht erscheint es abstrus, einen Bleistiftspitzer zu „opfern". Ich schlage vor, diesen Versuch von einem Schüler oder einer Gruppe durchführen und anschließend referieren zu lassen.

Die übrigen Schüler werden dies beim Experiment C - El 4 mit einem Eisennagel und Aluminiumfolie oder Aluminiumblech in abgewandelter Form tun.

Mögliche Beobachtungen und Interpretationen

„Aluminium wird von Salzwasser leichter als Stahl angegriffen.
Vielleicht hat das auch etwas mit einer Batterie zu tun, denn wenn ich Klinge und Gehäuse gleichzeitig mit der Zunge berühre, empfinde ich einen ganz schwachen Strom."

Eventuell kommen die Schüler alleine auf die Idee, das Gehäuse ohne Klinge in die Salzlösung zu geben!

Das Ergebnis

Der Bleistiftspitzer besteht aus Eisen (Klinge), Messing (Schraube) und Aluminium / Magnesium (Gehäuse).[1]

Zusammen mit einem Elektrolyten (Kochsalzlösung) entsteht ein galvanisches Element („Lokalelement").

Reaktion am Al bzw. Mg („unedel"):	$2\ Al \rightarrow 2\ Al^{3+} + 6\ e^-$	$2\ Mg \rightarrow 2\ Mg^{2+} + 4\ e^-$
Reaktion am Stahl („edel"):	$6\ H_3O^+ + 6\ e^- \rightarrow 6\ H_2O + 3\ H_2$	$4\ H_3O^+ + 4\ e^- \rightarrow 4\ H_2O + 2\ H_2$

- Das unedlere Aluminium bzw. Magnesium geht als Ion in Lösung.
- Der Stahl bleibt, wie er ist.
- Das entstehende Gas ist Wasserstoff

Zusatzversuch: Die Aluminiumfolie wird an den Kontaktstellen mit dem Pfennigstück allmählich löchrig. In einer Lösung von Kochsalz findet dieser Prozeß schneller statt. Schaden kann durch ungünstig kombiniertes Material entstehen, z. B. bei einer Schwimmbadleiter aus Aluminium mit Nieten aus Kupfer.

---

[1] In ihrem Artikel *Quantitative Schulversuche mit einer Magnesiumlegierung aus dem Alltag* (erschienen in *Naturwissenschaften im Unterricht - Chemie* / Ausgabe 5/94) gehen Peter PFEIFER und Monika HORN davon aus, daß die Spitzergehäuse aus Magnesium bestehen. Sollte dies zutreffen, ändert sich für unseren Versuch nur wenig, da Magnesium ebenfalls weniger edel als Eisen ist.
Die Identifikation erfolgt über die Bestimmung der Dichte (1,74 g cm^{-3} bei Mg bzw. 2,70 g cm^{-3} bei Al), außerdem reagiert Magnesium erheblich heftiger als Aluminium mit verdünnter Salzsäure.

Name:	Fach:	Klasse:	Datum:

Der Bleistiftspitzer im Salzbad

C - El 5

Der Auftrag

Bei diesem Versuch sollst Du die Auswirkung einer starken Kochsalzlösung auf einen Bleistiftspitzer mit einem Gehäuse aus Aluminium oder Magnesium untersuchen.

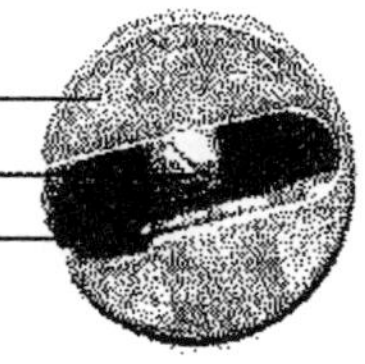

Material	Sicherheit und Umwelt
Kleine Schüssel oder Glas (höchstens 0,2 l) Bleistiftspitzer mit Gehäuse aus Aluminium Kochsalz (Natriumchlorid) Leitungswasser	Es entstehen keine giftigen Stoffe. Die Flüssigkeit kann nach dem Versuch mit viel Wasser in den Ausguß geschüttet werden.

Versuchsanleitung

- Löse in etwa 200 ml Wasser 2 gehäufte Teelöffel Kochsalz (Natriumchlorid = $Na^{+}Cl^{-}$) auf.
- Lege in die Lösung für mehrere Stunden einen Bleistiftspitzer, dessen Gehäuse aus Aluminium oder Magnesium besteht.
- Schaue immer wieder nach, ob und wie sich der Spitzer verändert hat.

1. Schildere ausführlich Deine Beobachtungen.
2. Äußere Deine Vermutungen.
3. Schlage einige Experimente vor, mit deren Hilfe Du herausfinden kannst, ob das Gehäuse des Spitzers aus Alumiunium oder aus Magnesium besteht.

Tips

- Schaue im Schulbuch oder im Lexikon unter den Stichwörtern *Lokalelement* oder *Korrosion* nach.
- Berühre mit der Zunge gleichzeitig die Klinge und das Gehäuse des Spitzers.
- **Wichtige Begriffe:** *Atom, Ion, Batterie, edel, unedel, Lösung, galvanisches Element*

Zusatzversuch

Fülle zwei Becher mit Leitungswasser. Löse in dem einem Glas einen Teelöffel Kochsalz auf.
Lege jeweils auf den Boden der beiden Gläser ein Stück Aluminiumfolie. Darauf kommt eine Münze aus Kupfer. Lasse beide Gläser einen Tag stehen und beobachte gelegentlich.[1]

1. Schildere ausführlich Deine Beobachtungen.
2. Wie interpretierst Du die unterschiedlich starken Veränderungen?
3. Kannst Du Dir vorstellen, in welchen Bereichen sich die beobachteten Erscheinungen negativ (gefährlich, teuer...) auswirken können?

[1] Die Idee wurde dem Buch *Spiel das Wissen schafft* von Hans Jürgen Press entnommen. Ravensburger Buchverlag, Ravensburg 1995

C - Gem 1a

Essig, Öl & Paprika (1)

Chemie	ab 9	Stoffgemische Lösungen	Extraktion Öle und Fette	? ?	
Fach	*Klasse*	*Grobthema*	*Feinthema*	*theoret. Niveau*	*prakt. Niveau*

Position des Versuches im Unterricht

- **Thema *Stoffgemische*:**
  Trennung von Stoffgemischen durch Extraktion, Vorversuch zur Chromatographie.
- **Thema *Lösungen*:**
  Mischbarkeit von Flüssigkeiten, hydrophile und lipophile Stoffe.

Fachlicher Hintergrund

Paprikapulver enthält mehrere Farbstoffe. Ein Teil davon - eher die gelblichen Komponente - ist wasserlöslich (hydrophil), ein Teil - die rötliche Komponente - ist fettlöslich (lipophil).

Die Färbung der Flüssigkeiten, in die man Paprikapulver gibt, kann demnach unterschiedlich werden.

Die Versuche / Ergänzung / Auswertung

Die Schülerversuche sind einfach und gefahrlos durchzuführen.

Ergänzende Lehrerversuche: Paprikapulver jeweils mit Aceton oder Benzin mischen.

	Versuch 1	Versuch 2	Versuch 3
Beobachtung a) sofort b) nach 10 Minuten	a) Es entsteht eine klare, orangerote Lösung. b) Die unlöslichen Bestandteile sammeln sich am Boden.	a) Es entsteht eine gelbliche Lösung. b) Die unlöslichen Bestandteile sammeln sich am Boden.	a) Es entsteht eine rötliche Lösung. b) Die unlöslichen Bestandteile sammeln sich am Boden.
Zeichnung dazu (beschriften!)	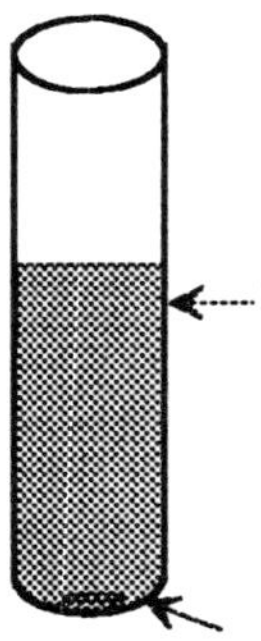	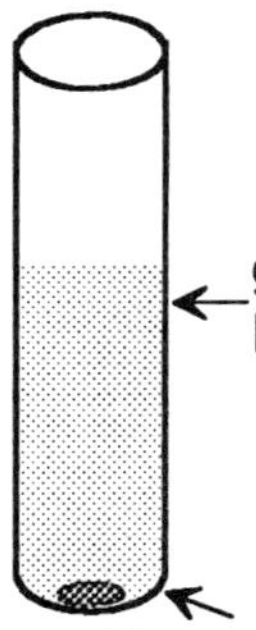	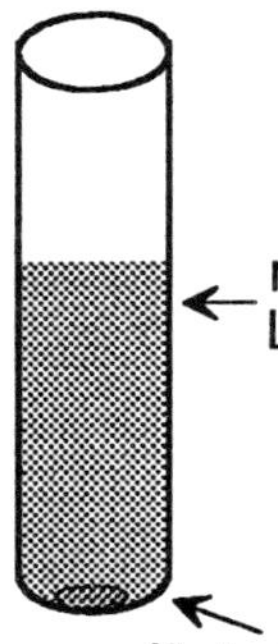
Erklärung	Brennspiritus löst sowohl hydrophile als auch lipophile Stoffe; letztere allerdings in schwächerem Ausmaß.	Die gelben Bestandteile des Paprikas sind wasserlöslich (hydrophil).	Die roten Bestandteile des Paprikas sind fettlöslich (lipophil).

Name:	Fach:	Klasse:	Datum:

Essig, Öl & Paprika (1)

C-Gem1a

Material	Hinweise zu Sicherheit und Entsorgung
• Paprikapulver (am besten sind die milden Rosenpaprika-Sorten geeignet) • farbloser Essig, ersatzweise Wasser • möglichst blasses Speiseöl • Brennspiritus • 3 Reagenzgläser oder kleine, durchsichtige Behälter (z. B. leere Kapern-Dosen)	**Brennspiritus ist feuergefährlich!** Den gebrauchten Brennspiritus läßt Du am besten auf dem Balkon oder außen auf der Fensterbank verdampfen. Paprika, Essig und Öl können problemlos über den Ausguß entsorgt werden.

Versuch 1

Gib in eines der Gläser etwa 1/2 Teelöffel Paprikapulver und etwa 5 ml **Brennspiritus**. Schütteln!

Versuch 2

Gib in ein weiteres Glas ebenfalls Paprikapulver und füge etwa 5 ml **Essig oder Wasser** hinzu. Schütteln!

Versuch 3

Im dritten Glas werden Paprikapulver und **Speiseöl** vermischt. Schütteln!

	Versuch 1	Versuch 2	Versuch 3
Beobachtung a) sofort b) nach 10 Minuten			
Zeichnung dazu beschriften!		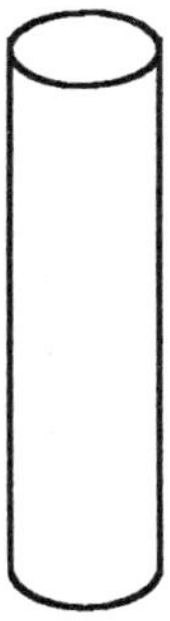	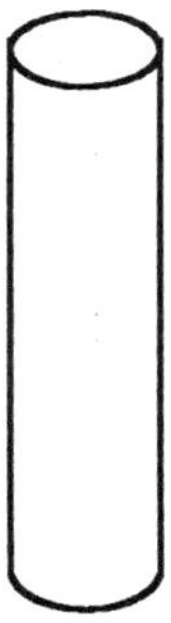
Erklärung			

C - Gem 1b

Essig, Öl & Paprika (2)

Chemie	ab 9	Öle und Fette	Emulsionen	??	■
Fach	*Klasse*	*Grobthema*	*Feinthema*	*theoret. Niveau*	*prakt. Niveau*

Position des Versuches im Unterricht

Den Schülern ist die Unterscheidung zwischen fettlöslichen und wasserlöslichen Stoffen geläufig.

Als „Mittler zwischen den Welten“ sollen nun Emulgatoren vorgestellt werden.

Fachlicher Hintergrund

Emulgatoren werden auch als *Tenside* oder *oberflächenaktive Stoffe* bezeichnet. Ihre wirtschaftliche und technische Bedeutung ist enorm. Es gibt sowohl künstlich erzeugte als auch natürliche Emulgatoren.

Ohne Emulgatoren wären z. B. Milch, Mayonnaise, Hautcremes binne kurzem in zwei Schichten getrennt: Der wäßrigen und der öligen Phase.

Die Moleküle von Emulgatoren bestehen aus einem hydrophilen (polaren) und lipophilen (unpolaren) Teil. Dadurch können sie die Grenzflächenspannung zwischen hydrophilen und lipophilen Stoffen reduzieren.

Sollen Emulsionen besonders stabil sein, müssen Emulgatoren auch dafür sorgen, daß die dispergierten Teilchen nicht sedimentieren oder sich an der Oberfläche sammeln.

Bekanntester Emulgator ist die Seife.

Die Versuche

	Versuch 1	Versuch 2
Beobachtung a) sofort b) nach 10 Min.	Für kurze Zeit entsteht ein milchigtrübes, orangefarbenes Gemisch. Nach wenigen Minuten entstehen zwei Phasen (siehe Bild).	Durch Schütteln entsteht eine stabile Emulsion.
Zeichnung dazu (beschriften!) a) sofort b) nach 10 Min.	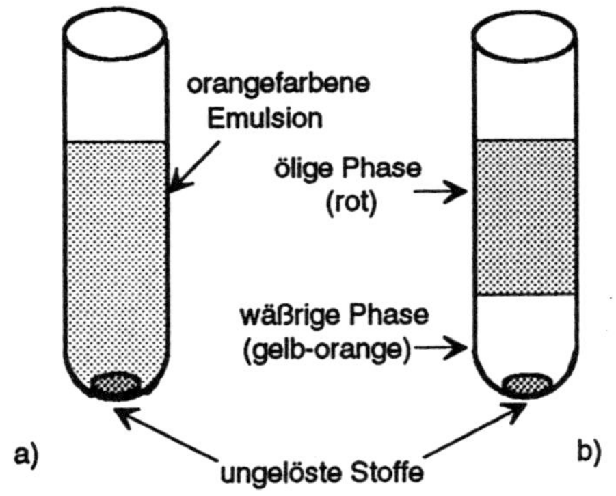	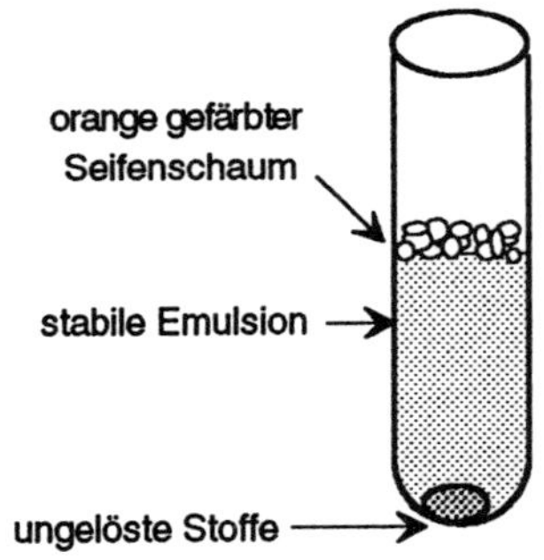
Erklärung	siehe oben	siehe oben

Die Beantwortung der Fragen ergibt sich aus dem vorangegangenen Text.

Name:	Fach:	Klasse:	Datum:

Essig, Öl & Paprika (2)

C-Gem1b

Material

- Paprikapulver (Rosenpaprika)
- Essig oder Wasser
- möglichst blasses Speiseöl
- Spülmittel
- 2 Reagenzgläser o. ä.

Versuch 1

In das eine Glas kommen ca. 5 ml **Essig oder Wasser**, ca. 5 ml **Speiseöl** und **Paprikapulver**.
Kräftig schütteln!

Versuch 2

In dem zweiten Glas wird die gleiche Mischung wie in Versuch 1 angesetzt. Dazu kommt ein Tropfen **Spülmittel**. Kräftig schütteln!

	Versuch 1	Versuch 2
Beobachtung a) sofort b) nach 10 Minuten		
Zeichnung dazu (beschriften!)	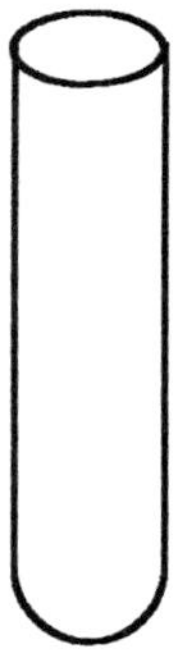	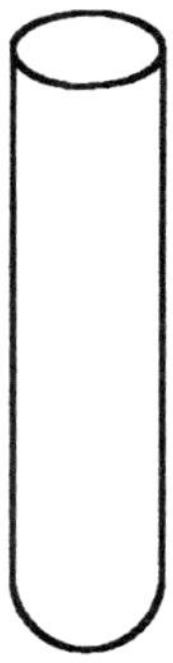
Erklärung		

Stoffe, die Mischungen zwischen Wasser und Ölen stabilisieren, nennen wir *Emulgatoren*.

1. Beschreibe am Beispiel der Milch die Bedeutung von Emulgatoren.

2. Zähle einige weitere Beispiele auf.

C - Gem 2

W/O - O/W

Chemie	ab 9	Lösungen	W/O- und O/W-Emulsionen		
Fach	*Klasse*	*Grobthema*	*Feinthema*	*theoret. Niveau*	*prakt. Niveau*

Position des Versuchs im Unterricht

Emulsionen spielen bei den Unterrichtsthemen *Lösungen, Waschmittel, Fette und Öle* eine zentrale Rolle.

Die Unterscheidung zwischen Öl-in-Wasser-Emulsionen (O/W) und Wasser-in-Öl-Emulsionen (W/O) kann als Vertiefung eingesetzt werden.

Vorkenntnisse der Schüler:
Die Kenntnis der Begriffe *wasserlöslich, fettlöslich* und *Emulsion* werden vorausgesetzt.

Außerdem sollte der Versuch *Essig, Öl & Paprika* durchgeführt worden sein.

Fachlicher Hintergrund

Emulsionen sind Gemische von hydrophilen und lipophilen Stoffe. Wir unterscheiden stabile und weniger stabile Emulsionen. Die Stabilisierung findet durch Emulgatoren statt.

Stabile Emulsionen sind z. B. Milch, Mayonnaise, Hautcreme, Lotion. Nicht stabil ist eine Mischung aus Essig und Öl, wie sie in Salatsaucen vorkommt.

Ist in einer Emulsion Öl die äußere, Wasser die innere Phase, so sprechen wir von W/O - Emulsionen, umgekehrt von O/W - Emulsionen.

Zur Unterscheidung der beiden Emulsionstypen stehen mehrere Verfahren zur Wahl:

Methode	Ergebnis bei W/O	Ergebnis bei O/W
 Öl-Phase Wasser-Phase	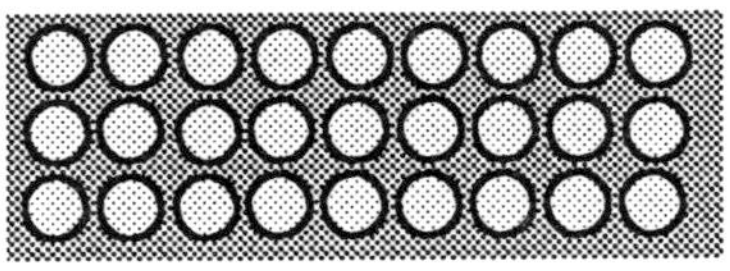	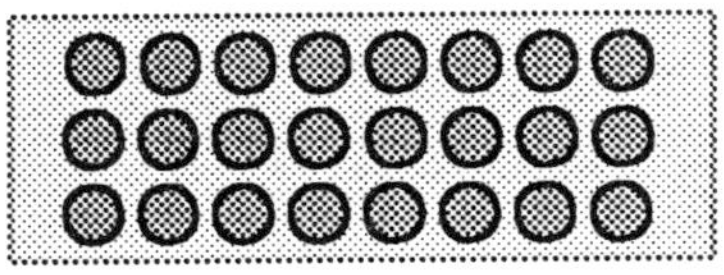
Verdünnungsmethode	mit Öl verdünnbar	mit Wasser verdünnbar
Farbstoffmethode	z. B. mit Sudanblau (fettlöslich) färbbar	z. B. mit Methylenblau (wasserlöslich) färbbar
Papiermethode (Emulsion auf Filterpapier)	ergibt durchscheinenden Fettrand	ergibt einen wäßrigen Rand
elektrische Leitfähigkeit	geringe Leitfähigkeit	relativ hohe Leitfähigkeit

Der Versuch

Im Versuch *Essig, Öl & Paprika* haben wir festgestellt:

- Die roten Farbkomponenten des Paprikas sind fettlöslich.
- Die gelb-orangen Farbkomponenten sind wasserlöslich.

Diese Tatsache wird bei unserem Versuch ausgenutzt (siehe Anleitung des Schülerblattes).

Das Ergebnis

Bei W/O-Emulsionen entsteht um die Pulverkörner ein roter, bei 0/W-Emulsionen ein gelber Farbsaum.

Typische W/O-Emulsionen: Mayonnaise, Hautcreme, Butter, Margarine
Typische O/W-Emulsionen: Vollmilch, Kondensmilch, Lotionen

Name: | **Fach:** | **Klasse:** | **Datum:**

W/O - O/W

C-Gem 2

Heute lernst Du einen Versuch kennen, mit dem Du *Wasser-in-Öl-Emulsionen (W/O)* und *Öl-in-Wasser-Emulsionen (O/W)* unterscheiden kannst.

Im Versuch *Essig, Öl & Paprika* hattest Du festgestellt:

- Die roten Bestandteile des Paprikapulvers lösen sich in Öl.
- Die gelb-orangen Bestandteile sind wasserlöslich.

Diese Tatsache wird jetzt ausgenutzt!
Der Test ist sehr einfach: Auf einen Karton oder ein Stück Plastikfolie gibst Du jeweils eine markstückgroße Probe der Substanz, die Du untersuchen willst. Auf die Probe schüttest Du einige Körner Paprikapulver. Nach einer Weile kannst Du eine Veränderung beobachten.
Für diesen Versuch sind alle öl- oder fetthaltigen Mischungen (Emulsionen) geeignet. Einige typische Beispiele sind in der Tabelle aufgelistet. Außerdem ist noch Platz für eigene Ergänzungen.
In die Spalte „Ergebnis" kannst Du „W/O", „O/W" oder - bei ungewissem Ergebnis - ein „?" eintragen.

Stoff	Beobachtung	Ergebnis
Hautcreme		
Körperlotion		
Mayonnaise		
Vollmilch		
Kondensmilch		
süße Sahne		
Butter		
Margarine		
Diätmargarine		

?

1. Erkläre ausführlich, wie dieser Test funktioniert!
2. Kannst Du Dir auch andere Testmethoden vorstellen? Beschreibe diese dann bitte.

C - Gem 3

Glasklar - sonst nichts!?

Chemie	ab 7	Trennen von Stoffgemischen	Eindampfen Verdunsten		
Fach	*Klasse*	*Grobthema*	*Feinthema*	*theoret. Niveau*	*prakt. Niveau*

Position des Versuches im Unterricht

Der Versuch ist als Einstieg in die Technik des Eindampfens im Rahmen der Unterrichtseinheit *Trennen von Stoffgemischen* geeignet.

Fachlicher Hintergrund

Läßt man das Lösungsmittel verdunsten oder verdampfen, bleiben die gelösten Stoffe zurück. Auf diese Weise wird z. B. aus Meerwasser Salz gewonnen.

In der Kochkunst spielt die Technik des *Einengens* von Saucen eine Rolle. Dabei nimmt die Konzentration der Geschmacks- und Nährstoffe zu.

Ausgenutzt wird stets der niedrigere Siedepunkt des Lösungsmittels im Vergleich zu den gelösten Stoffen.

Der Versuch

Die Versuchsdurchführung dürfte keine Probleme mit sich bringen. Die besten Ergebnisse werden erreicht, wenn das Papier während des Verdunstens wirklich ruhig liegt und die Tropfen der Flüssigkeiten nicht verlaufen.

Ergänzende Schulversuche

Im Chemieunterricht können die Schüler eine *Salz- und eine Zuckerlösung* auf der Kochplatte oder über dem Gasbrenner eindampfen. (► *C - At 1: Der wahre Unterschied zwischen Zucker und Salz)*

Überraschend ist die chemische Veränderung, die der *Zucker* bei starkem Erhitzen erfährt.

Geradezu spektakulär ist das Ergebnis, wenn *Cola-Limonade* eingedampft wird. Die Flüssigkeit wird allmählich sirupartig, zum Schluß bleibt eine trockene Masse aus schwarzem, stinkenden „Hartschaum" zurück *(Pyrolyse von Saccharose).*

Ergebnis

Auch farblose, klare Flüssigkeiten können gelöste Stoffe enthalten. Diese können gewonnen werden, indem man die Flüssigkeit verdunsten läßt oder eindampft.

Zwischen Mineralwässern bestehen große Unterschiede im Salzgehalt.
Die Werte schwanken zwischen 0,5 g und über 5 g gelösten Bestandteilen pro Liter.
Wasser mit einem geringeren Mineralgehalt als 0,5 g wird als *mineralarm* bezeichnet.

Nach längeren Trockenperioden enthält Regenwasser zu Beginn des Niederschlags mehr Verunreinigungen (Staub, Ruß) als gegen Ende.

Entmineralisiertes Wasser (durch Ionenaustauscher gereinigt) wird zum Nachfüllen von Autobatterien und für Dampfbügeleisen benötigt. Bleibt beim Verdunsten ein sichtbarer Rückstand aus, kann man mit der Qualität zufrieden sein.

Name:	Fach:	Klasse:	Datum:

Glasklar - sonst nichts!?

C-Gem 3

Mineralwasser, Leitungswasser, Zitronenlimonade sind klar und farblos. Du weißt aber bestimmt, daß in diesen Flüssigkeiten außer dem reinen Wasser noch andere Stoffe enthalten sind.
Meist handelt es sich um gelöste, feste Substanzen. Diese werden sichtbar, wenn wir den flüssigen Anteil verdunsten lassen. Genau das sollst Du auf diesem Arbeitsblatt ausprobieren.

Der Versuch

1. Lege das Arbeitsblatt waagerecht an einen Ort, an dem es mehrere Stunden ungestört bleiben kann.
2. Tropfe auf die runden Testfelder die angegebenen Flüssigkeiten. Auf die unbeschrifteten Felder kannst Du selbst ausgewählte Stoffe geben.
3. Sorge dafür, daß sowohl der schwarze als auch der weiße Teil zumindest zum Teil von der Flüssigkeit bedeckt sind, damit Du eventuelle Rückstände auf alle Fälle gut sehen kannst.
4. Die Flüssigkeiten sollen restlos verdunsten. Ölhaltige Substanzen sind dafür ungeeignet!
5. Vergiß nicht, die Testfelder eindeutig zu **beschriften!**

Mineralwasser 1	Mineralwasser 2	Zitronenlimonade	entmineralisiertes oder dest. Wasser
Regenwasser am Anfang des Regens	Regenwasser gegen Ende des Regens	Wasser aus einer Pfütze	Teichwasser
Leitungswasser	Wasser aus einem Fluß oder Bach		

?

1. Welcher Stoffeigenschaften ist es zu verdanken, daß wenn das Wasser und die gelösten Stoffe getrennt werden können?
2. Studiere die Informationen auf den Etiketten verschiedener Mineralwässer!

C - Gem 4

Brausepulver - selbstgemacht

Chemie	Teil 1: 7 Teil 2: 9	Reinstoffe und Stoffgemische	$NaHCO_3$, CO_2 Brausepulver		
Fach	*Klasse*	*Grobthema*	*Feinthema*	*theoret. Niveau*	*prakt. Niveau*

Fachlicher Hintergrund

Eine wäßrige Lösung von Natriumhydrogencarbonat ($NaHCO_3$) reagiert in saurem Milieu unter Abgabe von Kohlenstoffdioxid. Diese Reaktion wird im **Brausepulver** ausgenutzt.

Reaktionsgleichung	***Zusammensetzung von Brausepulver***
$NaHCO_3$ + R - H → $CO_2\uparrow$ + H_2O + NaR org. Säure	- Zucker - Zitronensäure oder Weinsäure - Natriumhydrogencarbonat - Aromastoffe - Farbstoffe

Position des Versuches im Unterricht

Bei Einsatz im ***Anfangsunterricht*** eignet sich der Versuch zur Einführung der Thematik *Reinstoffe und Stoffgemische.* Erfahrungsgemäß sind die Schüler vom selbstgemischten Brausepulver begeistert, auch wenn der Geschmack von zweifelhafter Qualität ist.

In ***höheren Jahrgängen*** kann anspruchsvoller herangegangen werden:
- Der Nachweis von Kohlenstoffdioxid wird durchgeführt.
- Die Reaktion zwischen Natriumhydrogencarbonat und Zitronensäure wird untersucht.

Unterstützt durch weitere Versuche in der Schule stellt sich heraus, daß das Kohlenstoffdioxid nicht aus der Zitronensäure ($C_6H_8O_7$) stammt, sondern aus dem Natriumhydrogencarbonat ($NaHCO_3$), wie der folgende Versuch bestätigt:
Natriumhydrogencarbonat wird auf einem Uhrglas mit einer Säure übergossen, die keinen Kohlenstoff enthält (z. B. verdünnte Salzsäure).
Auch hier verläuft die Kalkwasserprobe positiv. Das Kohlenstoffdioxid wird also aus dem $NaHCO_3$ freigesetzt.

Die Versuche

Die Versuche sind vollkommen harmlos. Man muß größere Mengen feste Citronensäure zu sich nehmen, um eine Entzündung im Hals zu bekommen. Der Hinweis, mit den Substanzen sparsam umzugehen, steht auf dem Schüler-Arbeitsblatt. Kalkwasser soll nicht ins Auge geraten.

Tips zur Materialbeschaffung

- ***Citronensäure*** oder ***Weinsäure*** gibt es im Lebensmittelhandel (Backhilfsmittel).
- ***Natriumhydrogencarbonat*** erhält man als *Backpulver* oder als *Natron* in Drogerien
- ***Aromastoffe*** in flüssiger Form findet man in bescheidenem Maße in der Abteilung *Backhilfsmittel* (z. B. Zitronenaroma), in größerem Umfang in den *Spinnrad* - Läden, unter Umständen auch in Apotheken oder Drogerien.
- ***Lebensmittelfarben*** gibt es oft in Supermärkten bei den Gewürzständern.
- ***Kalkwasser*** aus dem Schullabor kann in kleinen Mengen mit nach Hause gegeben werden.

Name:	Fach:	Klasse:	Datum:

Brausepulver - selbstgemacht (1)

C-Gem 4

Brausepulver läßt sich leicht selbst herstellen.
Nach dem Versuch wirst Du wissen, aus welchen Bestandteilen Brausepulver besteht und welche Stoffe dafür verantwortlich sind, daß das Pulver zusammen mit Wasser sprudelt.

Material (Grundausstattung)	zusätzliches Material	Hinweise zu GEFAHREN und zur ENTSORGUNG der Chemikalien
◆ Trinkgläser, Teelöffel ◆ Natriumhydrogencarbonat ◆ (= Backpulver oder Natron) ◆ Zitronensäure ◆ Zucker oder Süßstofftabletten	◆ Aromastoffe (Fruchtaroma) ◆ Vanillezucker ◆ Indikator- oder Lackmuspapier ◆ Kalkwasser (aus der Schule) ◆ Essig , Zitronensaft oder andere schwache Säuren.	Alle verwendeten Chemikalien sind ungiftig und dürfen in die Kanalisation gelangen. Die Zitronensäure und das Natriumhydrogencarbonat sollten aber pur nur in kleinen Mengen probiert werden, weil sonst der Rachen oder die Speiseröhre wund werden können. **Falls Kalkwasser (Calciumwasser) in die Augen gelangt, muß mit viel Wasser gespült werden!**

Erster Versuch

Löse in je einem kleinen Glas einen halben Teelöffel Natriumhydrogencarbonat, Zitronensäure und Zucker.

- Beobachtest Du bei einer der Lösungen eine Gasentwicklung („Sprudeln")?
- Überprüfe den Geschmack - eine kleine Probe genügt!

	Zucker	Natriumhydrogen-carbonat	Zitronensäure
Beschreibe den Geschmack!			
Stellst Du eine Gasentwicklung fest?			

Zweiter Versuch

Gib in ein Trinkglas (0,2 Liter) folgende Substanzen:

- 1 gehäuften Teelöffel Zitronensäure
- 1 gestrichenen Teelöffel Natriumhydrogencarbonat
- 1-2 Teelöffel Zucker oder 1-2 Süßstofftabletten

Fülle das Glas mit Wasser auf, und Du kannst kräftiges Sprudeln beobachten. Die Brause ist fertig!
Guten Appetit!

Zur Verfeinerung kannst Du noch folgende Zutaten hinzufügen (nicht unbedingt alles gleichzeitig!):

- Vanillezucker (anstelle des „normalen" Zuckers
- Aromastoffe (Zitronenöl oder andere Fruchtaromen). Ein Tropfen genügt!
- Lebensmittel-Farbstoffe; auch hier genügt ein Tropfen.

Name:	Fach:	Klasse:	Datum:

Brausepulver - selbstgemacht (2)

C-Gem 4

Wir werden untersuchen, welche der drei wichtigsten Bestandteile des Brausepulvers für das Sprudeln verantwortlich sind und welches Gas dabei entsteht.

Dritter Versuch

Löse in je einem kleinen Glas 1 Teelöffel der folgenden Stoffe in Wasser und überprüfe die Lösung mit Indikatorpapier. Handelt es sich um Säuren, Laugen oder neutrale Lösungen?

Glas 1	Lösung von *Zucker*	pH-Wert:
Glas 2	Lösung von *Natriumhydrogencarbonat*	pH-Wert:
Glas 3	Lösung von *Zitronensäure*	pH-Wert:

Vierter Versuch

In drei Gläsern mischen wir je einen Teelöffel der genannten Substanzen und füllen mit Wasser auf.

	Substanzen	Beobachtungen
Glas 1	Natriumhydrogencarbonat + Zucker + Wasser	
Glas 2	Zitronensäure + Zucker + Wasser	
Glas 3	Natriumhydrogencarbonat + Zitronensäure + Zucker + Wasser	

Du weißt nun, welche Stoffe für die Gasentwicklung verantwortlich sind.
Überprüfe, welche Mischungen besonders wirksam sind!

Fünfter Versuch

Welches Gas entsteht beim Sprudeln?

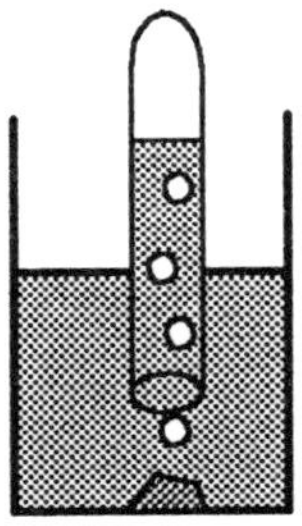

Prüfung auf SAUERSTOFF: Fange das entstehende Gas pneumatisch mit einem geeigneten Gefäß auf und führe die Glimmspanprobe durch.

Beobachtung: ....

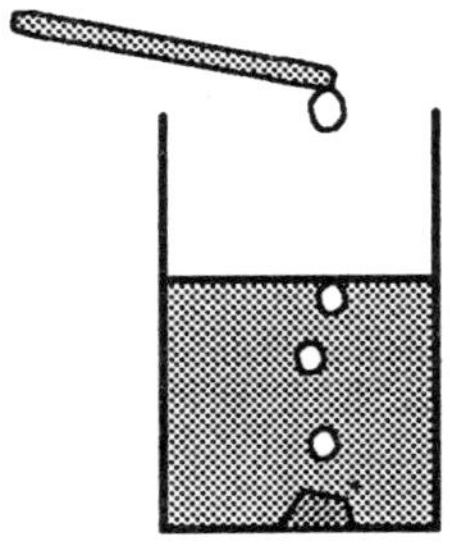

Prüfung auf KOHLENSTOFFDIOXID: Halte über die Gasblasen einen Glasstab, an dem ein Tropfen Kalkwasser (Calciumhydroxid-Lösung) hängt.

Beobachtung: ....

Falls der Glimmspan aufflammt, hast Du Sauerstoff nachgewiesen.
Falls das Kalkwasser trüb wird, handelt es sich bei dem Gas um Kohlenstoffdioxid.

Ergebnis: ....

? Wie kannst Du überprüfen, ob das Gas aus dem Natriumhydrogencarbonat oder aus der Zitronensäure stammt?

C - Gem 5

Solare Destillationsanlage

oder: **Wie man in der Wüste Wasser gewinnen kann**

Chemie	**ab 7**	**Trennen von Stoffgemischen**	**Destillation**	? ?	
Fach	*Klasse*	*Grobthema*	*Feinthema*	*theoret. Niveau*	*prakt. Niveau*

Position des Versuches im Unterricht

Im Anfangsunterricht des Faches Chemie wird beim Thema *Trennen von Stoffgemischen* auch die *Destillation* behandelt. Als Einstieg eignet sich dieser Versuch. die Voraussetzungen:

- Die *Aggregatzustände* und deren Umwandlung (insbesondere *Verdampfen* und *Kondensieren*) müssen bekannt sein.
- Der in der Überschrift enthaltene Fachausdruck *Destillation* ist zwar den meisten Schülern noch fremd, regt sie aber vielleicht an, nachzufragen oder im Lexikon nachzuschlagen.

Fachlicher Hintergrund

Selbst im scheinbar trockenen Wüstensand oder in verdorrten Ästen sind beträchtliche Wassermengen enthalten.

Die auf der Schülerseite beschriebene Anlage nutzt den *Treibhauseffekt* aus. Unter der Folie ist es sehr warm. Das im Boden enthaltene Wasser verdampft. Dadurch wird die Luft im Loch mit der Zeit gesättigt, der Wasserdampf kondensiert an der Innenseite der Folie.

Durch den Gegenstand auf der Folie entsteht eine Neigung zur Mitte. Dort sammeln sich die Wassertropfen und fallen ab einer gewissen Größe durch den Trichter in die Flasche.

Eine weitere Anwendung stellt die **Entsalzung von Meerwasser** dar; ein japanischer Prototyp ist hier skizziert.[1]

Weitere Informationen finden Sie im Abschnitt *Auswertung*.

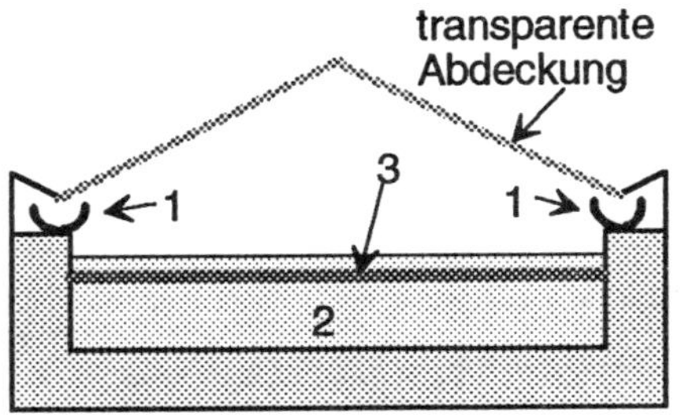

= Sammelrinnen 2 = Meerwasser
3 = perforierte Absorberplatte

Der Versuch / Ergänzungen

Falls den Schülern keine farblose Folie zur Verfügung steht, können sie sich auch mit aufgeschlitzten Mülltüten behelfen, die aber meistens nicht durchsichtig sind.

Der Grad der Reinheit des Wassers kann in der Schule durch Eindampfen oder Messung der Leitfähigkeit grob abgeschätzt werden.

Eine **„Mini-Wassergewinnungsanlage“** erhält man, indem man in ein großes Glas mit glattem Rand (z. B. ein Marmeladenglas) Gras, Blätter oder Zweige legt, mit einem Uhrglas verschließt und das Ganze in die Sonne stellt.

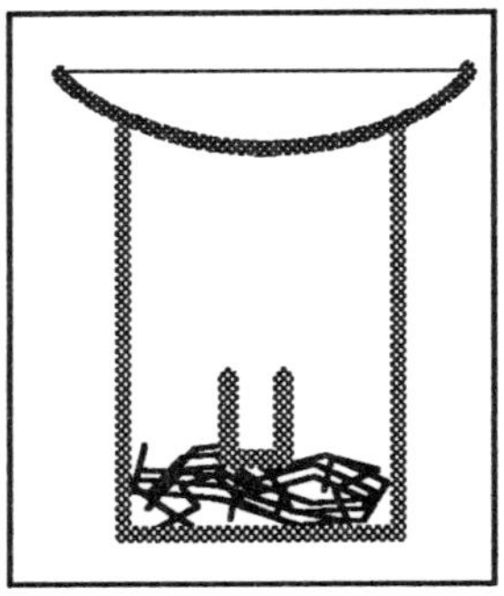

Auswertung / Beantwortung der Fragen

zu 1.: Wassergewinnung in der Wüste und anderen trockenen Gebieten, Meerwasserentsalzung, Gewinnung reinen Wassers

zu 2.: Das mit diesem Verfahren gewonnene Wasser enthält keine Salze *(Destilliertes Wasser)*. Erst durch Zugabe von Salztabletten wird es trinkbar.

zu 3.: Falls die verwendete Folie sauber war, ist das Wasser frei von Salzen. Beim Verdampfen bleiben keine Rückstände.

zu 4.: 1. Die Größe der Anlage
2. Der Sonnenstand, die Wetterlage
3. DieFeuchtigkeit des Bodens (eventuell Äste und andere Pflanzenteile ins Loch legen)

---

[1] nach DIETMAR ZOBEL: Erfinderpraxis. Deutscher Verlag der Wissenschaften, Berlin 1991

Name:	Fach:	Klasse:	Datum:

Solare Destillationsanlage

C-Gem 5

oder: **Wie man in der Wüste Wasser gewinnen kann**

Selbst scheinbar total trockener Boden enthält Wasser - sogar bei Wüstensand ist das der Fall !
Du wirst nun erfahren und ausprobieren, wie dieses Wasser gewonnen werden kann. Allerdings funktioniert der Versuch nur an einem sonnigen Tag - am besten in der Mittagszeit!

Material	wichtige Hinweise
• Kunststoff-Folie (möglichst groß) • einen Spaten und eine Hacke • eine kleine, weithalsige Flasche (ca. 0,2 Liter) • einen Trichter • mehrere Steine	**DAS WASSER DARF NICHT GETRUNKEN WERDEN!** Das Loch muß nach dem Versuch wieder aufgefüllt werden, weil Ihr sonst für Unfälle verantwortlich seid! Selbstverständlich müßt Ihr Euch vorher informieren, ob auf dem Gelände gegraben werden darf.

Durchführung

Grabe an einer gut von der Sonne beschienenen Stelle ein 50-80 cm tiefes und etwa 1 m breites Loch. In die Mitte des Loches wird die Flasche mit dem Trichter gestellt.

Das Loch wird nun stramm mit der Folie bedeckt, die Ränder mit Steinen beschwert.

Direkt über den Trichter wird ein Stein oder ein anderer schwerer Gegenstand gelegt.

Beobachte nun über längere Zeit, was geschieht.

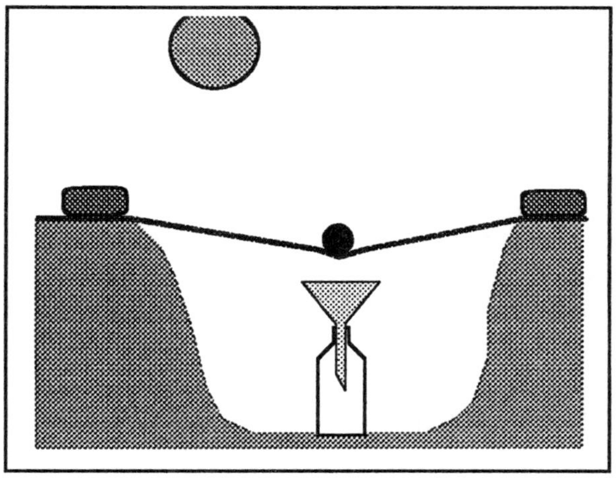

Beobachtung:

Erklärung:

1. Für welche Zwecke können solche Anlagen eingesetzt werden?
2. Warum ist so gewonnenes Wasser nicht unmittelbar zum Trinken geeignet? Wie kann es trinkbar gemacht werden?
3. Wie beurteilst Du die Reinheit des Wassers?
4. Von welche Faktoren hängt die Effektivität der Anlage ab? Probiere unterschiedliche Folien aus!

C - Gem 6	# Trennen eines Stoffgemisches

Chemie	ab 7	Reinstoffe und Gemische	Trennen von Stoffgemischen		
Fach	*Klasse*	*Grobthema*	*Feinthema*	*theoret. Niveau*	*prakt. Niveau*

Position des Versuches im Unterricht

Ein klassisches Thema für den Anfangsunterricht im Fach Chemie ist das *Trennen von Stoffgemischen.*

Die Versuchsserie eignet sich am besten als Einstieg in die Unterrichtseinheit, damit die Schülerinnen und Schüler weitgehend unbeeinflußt „forschen" können.

Für den Heimversuch sollten die Schüler die wichtigsten *Stoffeigenschaften* kennen, hier besonders *Dichte, Löslichkeit in Wasser, magnetische Eigenschaften, Korngröße* und *Siedepunkt.*

Der Versuch / Fachlicher Hintergrund

Der Versuch ist gefahrlos, weil nur ungiftige Stoffe und ungefährliche Verfahren zum Einsatz kommen.

Vorbereitende Arbeiten: Jeder Schülergruppe bzw. Einzelperson wird ein kleiner Behälter mit nach Hause gegeben, der folgende Mischung enthält:

- 1/2 Teelöffel zermahlene, feste Wasserfarbe (aus einem Farbkasten)
- 1 Teelöffel Eisenpulver oder Eisenspäne
- 1 Teelöffel Seesand o. ä.
- 1 Teelöffel fein zerschnittener Hartschaum (z. B. Styropor®)

Da frei „geforscht" wird, kann es zu Pannen (z. B. durch voreiliges Hinzufügen von Wasser) kommen. Dieses Risiko wird eliminiert, indem das Stoffgemisch in zwei oder drei gleichgroße Portionen aufgeteilt wird. Dadurch können die Schüler in aller Ruhe aus ihren „Fehlern" lernen!

Material, das voraussichtlich benutzt wird:

- Sieb	- diverse Gefäße	- Teelicht oder Herdplatte
- Fön	- Pinzette	- Löffel
- Magnet	- Kaffeefilter mit Trichter	

In der Tabelle befinden sich die möglichen Vorgehensweisen und dabei genutzten Trennmethoden und Stoffeigenschaften.

Variante	1. Eisen	2. Wasserfarbe	3. Sand	4. Hartschaum	Reihenfolge
1	Das Eisen wird mit dem Magneten aussortiert. *(ferromagnetische Eigenschaften)*	a) Es wird Wasser hinzugefügt. Das Farbpulver geht in Lösung *(Löslichkeit).* b) Zum Schluß wird durch Eindampfen *(Siedetemperatur)* die Farbe konzentriert.	Der Sand sinkt zu Boden und wird durch Dekantieren *(Dichte)* <u>oder</u> durch Filtrieren *(Löslichkeit)* vom Rest getrennt.	Der Hartschaum wird mit einem Sieb *(Korngröße)* entfernt <u>oder</u> mit einem Fön *(Dichte)* vom rieselnden Gemisch getrennt.	1 - 4 - 2a - 3 - 2b <u>oder</u> 4 - 1 - 2a - 3 - 2b
2	s. o.	s. o.	s. o.	Der Hartschaum schwimmt *(Dichte)* auf dem Wasser und kann abgeschöpft werden.	1 - 2a - 4 - 3 - 2b

Name:	Fach:	Klasse:	Datum:

Trennen eines Stoffgemisches

C-Gem 6

Du hast in der Schule ein Gemisch erhalten, das aus folgenden Stoffen besteht:
Eisenpulver, Sand, pulverisierte Wasserfarbe und *kleingeschnittener Hartschaum.*

Der Auftrag
Trenne das Gemisch in seine Bestandteile und fülle diese in kleine, dichte Beutel oder Gläschen.

Damit Du den Versuch möglichst selbständig durchführst, wird diesmal keine Materialliste vorgegeben.

- Lege zuerst die Reihenfolge fest, in der Du die einzelnen Stoffe gewinnen willst.
- Eventuell gibt es mehrere Trennmethoden zur Gewinnung eines Stoffes.
- Deine Arbeitsschritte protokollierst Du bitte in der Tabelle. Schildere auch auftretende Schwierigkeiten.
- Teile Dein Gemisch in zwei oder drei Portionen auf, damit Du bei Pannen noch Reserven hast.

Stoff	**Schritt Nr.**	**Beschreibung der *Trennmethode***	**Diese *Stoffeigenschaft* habe ich ausgenutzt**
Eisenpulver			
Sand			
Wasserfarbe			
Hartschaum			

C-OC 1a-c

Hefe lebt! · Das Gas · Der Treibhauseffekt

3 Arbeitsblätter: Alkoholische Gärung und Versuche mit Kohlenstoffdioxid

Chemie	**ab 9**	**Alkanole (Ethanol) Kohlenstoffdioxid**	**alkohol. Gärung Treibhauseffekt u. a.**		
Fach	***Klasse***	***Grobthema***	***Feinthema***	***theoret. Niveau***	***prakt. Niveau***

Position der Versuche im Unterricht

Alkoholische Gärungen mit Hefe und Zuckerlösungen oder Säften werden gern im Chemieunterricht in der Schule durchgeführt. Da häufig mehrere Kurse parallel arbeiten, außerdem das Fach Chemie oft nur einmal pro Woche stattfindet, sollte dieser langfristig zu beobachtende und platzaufwendige Versuch zuhause durchgeführt werden. Dafür spricht auch, daß einfachste Mittel genügen.

Um die Aufgaben erfolgreich bearbeiten zu können, benötigen die Schüler folgendes Grundwissen:

- Summen- und Strukturformeln von Saccharose, Ethanol, Calciumhydroxid und Kohlenstoffdioxid.
- Nachweismethoden und Eigenschaften der Gase Stickstoff, Sauerstoff, Kohlenstoffdioxid
- Die Definition der Begriffe *Katalysator* und *Enzym*.

Die Versuche mit CO_2 berühren die Aspekte *Nachweisreaktionen, Feuerlöschen, Dichte* und *Treibhauseffekt.*

Blatt C-OC 1c eignet sich besonders für ein Referat.

Fachlicher Hintergrund

Die fachlichen Inhalte des Versuches zählen zu den Grundkenntnissen, die alle Chemielehrer beherrschen sollten. Deshalb wird hier nur die Beantwortung der Fragen wiedergegeben.

Der Versuch

Die alkoholische Gärung verläuft meist wunschgemäß. Genaue Aussagen über den zeitlichen Verlauf sind nicht möglich. Die Gärversuche können auch mit frischen Fruchtsäften durchgeführt werden.

Die Schüler können den Wein zum Unterricht mitbringen. Durch Destillation wird daraus eine etwa 80%ige alkoholische Lösung gewonnen.

An dieser Stelle sollte auf die Gefahren übertriebenen Alkoholkonsums hingewiesen werden. Ob es vertretbar ist, die Schüler nach Art der „Feuerzangenbowle" einen „wänzigen Schlock" probieren zu lassen, müssen Sie selbst entscheiden.[1]

Die Calciumlauge kann in kleinen, beschrifteten Plastikflaschen mit Schraubverschluß mit nach Hause gegeben werden.

<u>Blatt C - OC 1a</u>

zu 1.: Kohlenstoffdioxid hat mit 1,98 kg/m^3 eine wesentlich größere Dichte als Luft (1,29 kg/m^3). Deshalb kann sich CO_2 im Weinkeller anreichern und, obwohl ungiftig, zum Tod durch Sauerstoffmangel führen. Als vorbeugende Maßnahme ist deshalb eine leistungsfähige Belüftung wichtig. Auf hohe Kohlenstoffdioxid-Konzentration weist eine flackernde, allmählich erstickende Kerzenflamme hin. Früher wurden Tiere (Hunde, Kanarienvögel) im Bergwerk oder in Weinkellern als „Indikator" für gefährliche Gase mißbraucht.

zu 2.: $C_6H_{12}O_6 \rightarrow 2\ C_2H_5OH + 2\ CO_2$

zu 3.: $Ca(OH)_2 + CO_2 \rightarrow CaCO_3\downarrow + H_2O$

Die schlechte Wasserlöslichkeit von Calciumcarbonat ist für die Trübung verantwortlich.

<u>Blatt C - OC 1b</u>

zu 1.: Die Hefe stirbt ab einer bestimmten Alkoholkonzentration an ihrem selbst produzierten Alkohol!

zu 2.: Destillation ist die Trennung von Stoffgemischen aufgrund unterschiedlicher Siedetemperaturen (Ethanol: 78 °C / Wasser 100 °C).

<u>Blatt C - OC 1c</u>

Eine Erörterung des Treibhauseffektes würde den Rahmen dieser Seite sprengen und ist auch angesichts der reichlich vorhandenen Literatur nicht erforderlich.

---

[1] Peter SLABY: Jäder nur einen wänzigen Schlock (Alkohol als Unterrichtsprojekt). AOL-Verlag, Lichtenau 1995 (Bestell-Nr. A 164)

Name: | Fach: | Klasse: | Datum:

Hefe lebt!

C-OC 1a

Lebewesen erkennt man unter anderem daran, daß sie Stoffwechsel haben; dazu gehören Nahrungsverwertung und Atmung. Hefe besteht aus winzigen, einzelligen Pilzen.
Im folgenden Versuch wirst Du die alkoholische Gärung kennenlernen, bei der Hefe eine wichtige Rolle spielt.

Material	Hinweise zur Sicherheit
• Glasflasche 0,5-1 Liter • Traubenzucker (= Glucose) • frische Bäckerhefe • ein möglichst großer Luftballon • „Kalkwasser“ (= Calciumlauge) • Teelicht • Wasserglas, kleine Flasche (0,3-0,5 l)	**Aus folgenden Gründen sollst Du Dein Produkt auf keinen Fall trinken: Der Versuch soll nicht zum Alkoholkonsum verleiten. Es können Schimmelpilze in die Flüssigkeit geraten, die giftige Stoffwechselprodukte (Aflatoxine) erzeugen.**

Versuch

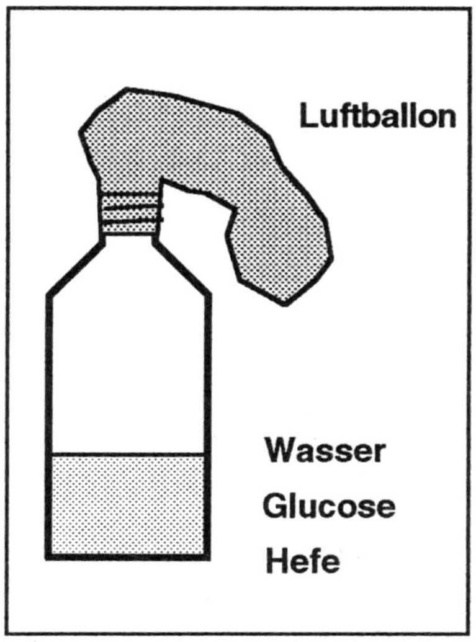

Dieses Arbeitsblatt bietet zu wenig Platz für ein Protokoll. Verwende hierfür bitte Dein Heft!

1. Zubereitung der Gärlösung
Fülle die Flasche zur Hälfte mit Wasser und füge 4 Eßlöffel Zucker hinzu. Schüttle solange, bis der Zucker sich aufgelöst hat.
Gib nun etwa einen Viertel Block zerkrümelte Hefe hinzu.

2. Auffangen der Gase
Blase einen großen Luftballon stark auf, damit sich das Gummi dehnt. Entleere den Ballon und stülpe sein „Mundstück“ über den Flaschenhals.
Falls der Ballon nicht sehr fest sitzt, solltest Du zusätzlich einen Bindfaden oder ein Gummiband stramm herumwickeln.

3. Die Gärung
Stelle den Gäransatz an einen ruhigen, warmen Ort. Beobachte und protokolliere zunächst jede volle Stunde, was geschieht. Wenn Du dies dreimal getan hast, brauchst Du nur noch wesentlich seltener nachzuschauen.

4. Der Ballon ist prall!
Wann dies soweit sein wird, hängt von vielen Faktoren ab. Wichtig ist jedoch, daß Du nicht solange wartest, bis der Ballon platzt.
Entferne den vollen Ballon von der Flasche, ohne das Gas entweichen zu lassen, weil Du es noch für weitere Versuche benötigst. Verschließe den Ballon dicht, aber so, daß Du ihn leicht wieder öffnen kannst - zum Beispiel mit einer Büroklammer.
Du kannst nun entweder einen weiteren Ballon mit Gas füllen oder eine Plastiktüte locker über die Flasche stülpen, um das Eindringen von Schmutz zu vermeiden. Nach einigen Tagen ist die Gärung beendet.
Falls Du die Flüssigkeit nicht in die Schule bringen sollst, kannst Du sie bedenkenlos in den Ausguß geben.

Die vergorene Flüssigkeit enthält Alkohol. Durch Gärung kann jedoch höchstens ein Alkoholgehalt von etwa 15% erreicht werden.

1. Wieso kann durch Gärung kein höherer Alkoholanteil entstehen?
2. Beschreibe ein Verfahren, mit dem aus Deiner Gärlösung reiner Alkohol gewonnen werden kann.

Name:	Fach:	Klasse:	Datum:

Das Gas

C-OC 1b

Das bei der alkoholischen Gärung entstandene Gas soll nun genauer untersucht werden. Es besteht begründeter Verdacht auf Kohlenstoffdioxid oder auf Sauerstoff als Stoffwechselprodukte von Lebewesen.

Versuch 1: Ist das Gas brandfördernd?

Zünde ein Teelicht an und setze es vorsichtig in ein leeres Wasserglas. Laß langsam etwas Gas aus dem Luftballon in das Glas strömen.

Beobachtung: ....

Vermutung: Es könnte sich um folgende(s) Gas(e) handeln: ....

Versuch 2: Ist das Gas schwerer oder leichter als Luft ?

Laß etwa die Hälfte des im Ballon verbliebenen Gases schnell in eine kleine, dicht verschließbare Flasche (0,3-0,5 l) strömen, so daß es die Luft verdrängt.
Zünde das Teelicht erneut an und setze es wieder in das Glas, nachdem Du eventuelle Gasreste durch Schütteln vertrieben hast.
Öffne die Flasche mit dem Gas und tue so, als wolltest Du den Inhalt über die brennende Kerze schütten.

Beobachtung: ....

Vermutung: ....

Versuch 3: Um welches Gas handelt es sich?

Der naheliegende Verdacht auf Kohlenstoffdioxid muß noch genau bestätigt werden. Drücke das restliche Gas aus dem Ballon durch eine klare Lösung von Calciumhydroxid (= Kalkwasser bzw. Calciumlauge)

Beobachtung: ....

Vermutung: ....

Versuch 1	Versuch 2	Versuch 3
	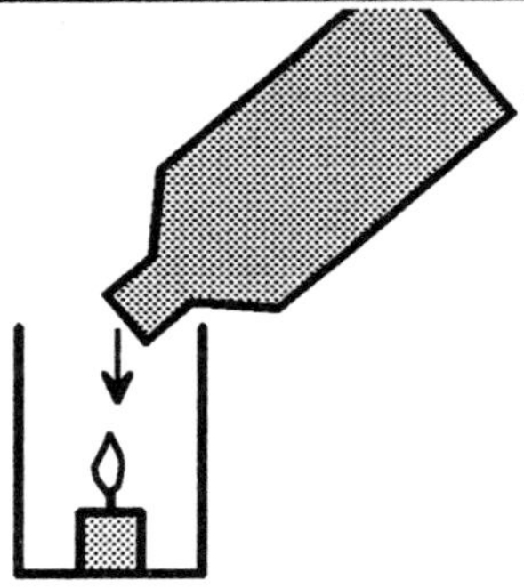	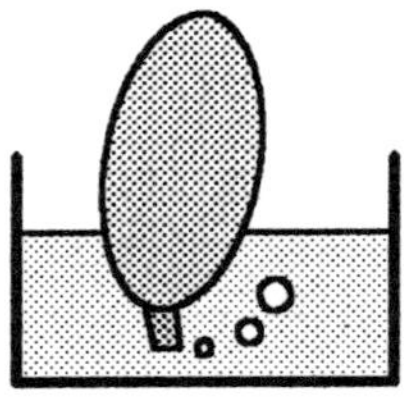

Für die Bearbeitung der Aufgaben benötigst Du z. T. die **Formeln** von Glucose, Kohlendioxid, Ethanol und Calciumhydroxid. Schlage im Lexikon oder in Deinem Chemiebuch nach!

1. Unter welchen Umständen kann der Keller einer Winzerei **lebensgefährlich** sein?
   Wie kann man sich vor der Gefahr durch **bauliche Maßnahmen** schützen?
   Wie kann mit einfachen Mitteln **überprüft** werden, ob Gefahr besteht?
2. Beschreibe den Vorgang der alkoholischen Gärung mit einer **Reaktionsgleichung.**
   Bedenke, daß die Hefe nur als **Katalysator** wirkt, also nicht als „Formel" berücksichtigt wird.
3. Schreibe die **Reaktionsgleichung** von Kohlenstoffdioxid mit Calciumhydroxid auf.
   Durch welche Eigenschaft eines der Produkte wird die **Trübung** hervorgerufen?

Name:	Fach:	Klasse:	Datum:

Der Treibhauseffekt

C-OC 1c

Das bei der alkoholischen Gärung entstandene Gas hast Du eindeutig als *Kohlenstoffdioxid* bestimmt. CO_2 ist zusammen mit etlichen anderen Gasen (besonders *Methan* CH_4) für den *Treibhauseffekt* auf der Erde verantwortlich, der zu einer allmählichen Erwärmung der Atmosphäre führen kann. Das zu erwartende Maß dieser Erwärmung und deren Auswirkungen sind allerdings schwer vorauszusagen und heftig umstritten.

> Schreibe bitte in Stichworten auf, was Du zur Zeit über den Treibhauseffekt weißt.
> Wie kommt es zu dieser Bezeichnung? Hast Du eine Erklärung dafür, wieso es in einem Treibhaus auch ohne Heizung wärmer ist als im Freien?
> Durch welche Vorgänge entsteht Kohlenstoffdioxid?

Der CO_2-Anteil der Atmosphäre ist zwischen 1800 und heute von etwa 0,028 % auf etwa 0,035 % gestiegen. Zu beachten ist hierbei, daß sich dieser Vorgang immer stärker beschleunigt; wir sprechen von exponentiellem Wachstum („Die Kurve wird zunehmend steiler.").

Der Versuch

Für unser Experiment benötigst Du vier gleichartige Glasflaschen. Aus dem Schullabor werden Dir vier passende durchbohrte Stopfen und fünf Thermometer (Meßbereich bis 100 °C) zur Verfügung gestellt.

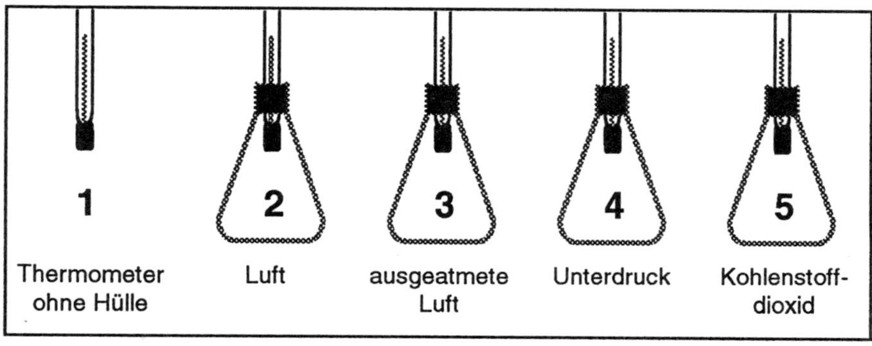

Die Abbildung zeigt, wie der Versuchsaufbau aussehen soll. Du mußt darauf achten, daß für alle fünf Meßstellen die gleichen Bedingungen herrschen, besonders hinsichtlich der Sonnenstrahlung. Idealer Standort ist eine Fensterbank auf der Süd- oder Westseite der Wohnung.

Das Thermometer ohne Hülle muß in einem Stativ befestigt oder mit einer geeigneten Vorrichtung aufgehängt werden. Den Unterdruck erzeugst Du durch Saugen am Flaschenhals und anschließendem schnellen Verschließen. Das Kohlenstoffdioxid kann aus dem Gärversuch stammen. Du kannst das Gas auch einer Mineralwasserflasche (Sprudel) entnehmen oder durch die Reaktion einer schwachen Säure (Essigsäure oder Zitronensäure) mit Natriumhydrogencarbonat (= Natron) und etwas Wasser erzeugen. Da CO_2 wesentlich schwerer als Luft ist, kannst Du es durch „Umschütten" von einem Behälter in den anderen füllen.
Für die Auswertung ist ein sorgfältig geführtes Protokoll wichtig. Zunächst erfaßt Du die Meßwerte 15 Minuten lang jede Minute in einer Tabelle. Danach zeichnest Du Temperatur-Zeit-Diagramme. Auf diesem Blatt ist nur eine Anregung wiedergegeben. Das eigentliche Protokoll fertigst Du in Deinem Heft an.

Station	Start um .... Uhr	nach 1 Minuten	nach 2 Minuten	nach 3 Minuten	usw.	Temperatur-Zeit-Diagramm
1						T [°C] Die Meßreihen werden durch fünf verschiedenfarbige Kurven wiedergegeben. t [min]
2						
3						
4						
5						

> Informiere Dich in Zeitschriften und Fachbüchern über den Treibhauseffekt.
> Werte Deine Versuchsserie aus und stelle Deine Beobachtungen und Schlußfolgerungen in einem Referat vor.

C - Red 1 Wie rostet Eisen am schnellsten?

Chemie	ab 7	Oxidation Feuer	langsame Oxidation		
Fach	*Klasse*	*Grobthema*	*Feinthema*	*theoret. Niveau*	*prakt. Niveau*

Position des Versuches im Unterricht

Das Rosten von Eisen bietet sich als Thema des Anfangsunterrichtes im Fach Chemie an. Auf den genaueren Chemismus des Rostens kann hier noch nicht eingegangen werden; vor allem die Rolle des Salzes muß als Beobachtung stehen bleiben.

Fachlicher Hintergrund

Im Chemielexikon *RÖMPP*[1] stehen unter dem Stichwort *Rosten* folgende interessante Tatsachen:

Trotz Schutzmaßnahmen rechnet man in der BRD jährlich mit einem Verlust von 1-2 % der Eisenmenge durch Rosten. Eisen rostet...

... am langsamsten unter Einfluß von Landluft, gefolgt von Stadtluft, SO_2-haltiger Industrieluft und Meeresluft.

... schneller unter Einfluß von Salzen und Säuren,

... schneller in fließendem als in ruhendem Wasser (wegen des gelösten Sauerstoffes),

... relativ langsam im Stahlbeton.

Der Versuch

- Nur entfettete Eisenwolle liefert brauchbare Ergebnisse. Deshalb muß die Eisenwolle mit Benzin gereinigt und unter dem Abzug getrocknet werden, bevor sie den Schülern ausgehändigt wird.
- Weitere Variationen erhält man, indem man einigen Schülern grobe, anderen feine Eisenwolle aushändigt.
- Wenigstens eine „Behandlungsmethode" sollen die Schüler selbst erfinden. Sie könnten z. B. darauf kommen, die Eisenwolle mit Zitronensaft, Essig, Kontaktspray oder Seifenlösung zu behandeln.

Beim Rosten der Eisenwolle wird Sauerstoff gebunden. Deshalb kann man außer der Veränderung des Eisens auch den **Wasserstand im RG** als Indikator für das Voranschreiten des Rostens nutzen.

Zustand der Eisenwolle	**trocken**	**mit Wasser befeuchtet**	**mit Salzwasser**	**mit Öl**	**Idee der Schüler**
Rostbildung	gering	deutlich	stark	keine Veränderung	hängt vom Einzelfall ab.
Erklärung		In destilliertem Wasser würde Eisen nicht rosten. Das verwendete Leitungswasser enthält jedoch gelöste Salze (Erklärung s. nächste Spalte).	Stahl enthält neben Eisen auch Kohlenstoff. Zusammen mit Elektrolyten entstehen Lokalelemente. Das unedle Eisen geht in Lösung.	Das Öl wirkt nicht rostfördernd und bildet außerdem eine schützende Schicht auf dem Eisen.	

Ergänzungsfragen

1. In welchen Fällen ist das Rosten von Eisen besonders teuer oder gefährlich?
   Antwort: Bei der Eisenbahn, bei Stahlbrücken, bei Fahrzeugen usw.
2. Von welchen äußeren Umständen kann es abhängen, ob ein Auto oder Fahrrad schnell oder langsam rostet?
   Antwort: Hohe Luftverschmutzung, salzhaltige Meeresluft, bei strengem Winter mit Salz bestreute Straßen, feuchte Garagen, feuchtes Klima)

---

1 FALBE/REGITZ „Römpp Chemie Lexikon", Band 5; Thieme Verlag, Stuttgart 1992

Name:	Fach:	Klasse:	Datum:

Wie rostet Eisen am schnellsten?

C - Red 1

Rostiges Eisen begegnet uns täglich. Volkswirtschaftlich betrachtet ist das Rosten keine Kleinigkeit: Es entstehen jährlich Schäden in Höhe von einigen Milliarden DM!
Du sollst nun durch Versuche herausfinden, welche Umstände das Rosten von Eisen fördern oder bremsen.

Material	Sicherheit und Entsorgung
◆ entfettete Eisenwolle (aus der Schule) ◆ Wasser, Schüssel ◆ Speiseöl oder Schmieröl ◆ Kochsalz ◆ 5 Reagenzgläser o. ä. ◆ „wasserfeste Filzstifte" (rot, blau, schwarz)	Die Entsorgung der Chemikalien findet in der Schule statt. Es entstehen keine giftigen Abfälle.

Teile die Eisenwolle in **5 möglichst gleich große** Portionen.
Einige der Portionen werden besonders behandelt (► Tabelle!), bevor sie in je ein Reagenzglas („RG") gestopft werden.
Alle Reagenzgläser werden mit der Öffnung nach unten in eine Schüssel mit Wasser gestellt. Es darf am Anfang kein Wasser in das RG dringen. Wichtig ist, daß die Gläser nicht umfallen dürfen!
Die Gläser müssen nicht unbedingt senkrecht stehen. Die Öffnung muß sich aber vollständig unter Wasser befinden!
Falls im Laufe der Zeit der **Wasserstand** in den RG steigt, wird dieser mit „wasserfesten Filzstiften" oder kleinen Gummiringen markiert (Farbe siehe unter „Beobachtung" in der Tabelle!). Dabei dürfen die RG nur soweit herausgezogen werden, daß die Mündung immer unter Wasser bleibt.

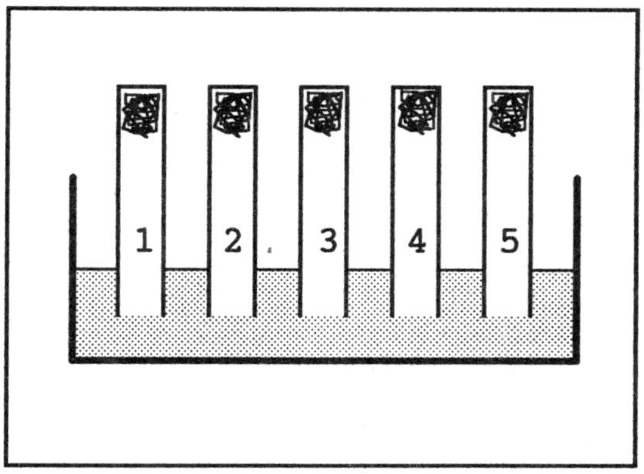

In diesem Zustand befindet sich zu Beginn die Eisenwolle:	RG 1 trocken	RG 2 mit Wasser befeuchtet	RG 3 mit Salzwasser befeuchtet	RG 4 in Speise- oder Schmieröl getaucht	RG 5 MEINE Idee:
Beobachtung nach 2 Stunden **„rot"**					
Beobachtung nach 1 Tag **„blau"**					
Beobachtung nach 3 Tagen **„schwarz"**					
Ich vermute...					

C - SL 1

Kalk - ein verbreiteter Stoff

Chemie	ab 9	Säuren, Laugen, Salze	Calciumcarbonat		
Fach	*Klasse*	*Grobthema*	*Feinthema*	*theoret. Niveau*	*prakt. Niveau*

Position des Versuches im Unterricht

Kalk ist im Chemie-Unterricht Thema bei

- der UE *Säuren, Laugen und Salze* (Calciumcarbonat als Salz der Kohlensäure),
- der UE *Wasser* (Wasserhärte),
- dem Nachweis von Gasen (hier Kohlenstoffdioxid).

Das Arbeitsblatt bezieht sich auf den erstgenannten Bereich.

Ich halte es für sinnvoll, den Versuch *Reaktion von verdünnter Salzsäure mit Calciumcarbonat* (inklusive Nachweis des Kohlenstoffdioxids) vor dem Heimversuch im Unterricht durchzuführen. Dadurch erübrigt sich ein erneuter Nachweis des CO_2.

Ziel des Heimversuches ist es, den Schülern die Bedeutung und Verbreitung des Kalks vor Augen zu führen.

Fachlicher Hintergrund

Die vielfältige Bedeutung des Kalks wird in den herkömmlichen Chemiebüchern ausreichend beschrieben. Hier will ich mich auf die **Reaktion zwischen Kalk (Calciumcarbonat) und Essigsäure (Ethansäure)** beschränken. Allerdings ist zu beachten, daß andere Carbonate ähnlich reagieren.

Calciumcarbonat	+	Ethansäure	→	Calciumacetat	+	Wasser	+	Kohlenstoffdioxid
$CaCO_3$	+	$2\ CH_3COOH$	→	$(CH_3COO)_2Ca$	+	H_2O	+	CO_2

Der Versuch

Seit einiger Zeit ist aufgrund gesetzlicher Regelung nur noch Essigessenz mit einem Säuregehalt von 25 % auf dem Markt.

Deshalb gehen von diesem Versuch keine erheblichen Gefahren aus. Dennoch sind Hinweise zur Sicherheit (siehe Schülerblatt) angebracht.

Es können auch keine giftigen Stoffe entstehen es sei denn, Essigessenz wird längere Zeit in Gefäßen aus Kupfer gelagert und dann genossen. Davon ist aber wohl kaum auszugehen.

Interessant ist aber in diesem Zusammenhang der Hinweis, daß in Zeitungsberichten davor gewarnt wurde, verkalkte Kaffeemaschinen mit Essigsäure zu entkalken, weil sich zusammen mit den Rohren aus Kupfer giftige Produkte (Kupferacetat) bilden können.

Beobachtungen / Ergebnisse / Antworten

Kalkhaltige Böden reagieren auf Essigsäure mit Aufschäumen. Schneckenhäuser und die Schalen einiger Muschelarten werden aufgelöst.

Tafelkreide ist meistens aus Gips (Calciumsulfat); dann ist das Testergebnis negativ.

Antworten:

1. Marmor besteht aus Calciumcarbonat. Die Oberfläche wird von Essigsäure angegriffen und dadurch stumpf.
2. Kalkhaltige Böden können die Wirkung von „Saurem Regen" besser puffern als kalkarme Böden. Außerdem ist Kalk ein wichtiger Nährstoff für Pflanzen.
3. Siehe „Fachlicher Hintergrund". Diese Aufgabe setzt Kenntnisse in der organischen Chemie voraus.

Name:	Fach:	Klasse:	Datum:

Kalk - ein verbreiteter Stoff

C - SL 1

Kalk (= Calciumcarbonat) ist in vielen Böden verbreitet. Einige Gesteine bestehen daraus. Knochen, Schneckenhäuser und etliche andere tierische Hartsubstanzen sind zum Teil oder völlig aus Kalk. In vielen Gegenden der Welt werden Häuser weiß gekalkt, bei uns auch Ställe. Kalk ist außerdem ein wichtiger Baustoff; eine besonders begehrte Form dieses Stoffes ist hier der Marmor.
Einige Säuren, auch Essigsäure, reagieren mit Kalk ($CaCO_3$) unter Bildung eines Salzes (Carbonat) und Kohlenstoffdioxid.
Speiseesssig enthält meistens nur 5% Essigsäure; die Reaktion mit Kalk verläuft für unsere Zwecke zu langsam. Besser geeignet ist Essigessenz, die immerhin 25% Säure enthält.

Sicherheitshinweise
◆ **Essigessenz darf nicht unverdünnt genossen werden!**
◆ **Augenkontakt unbedingt vermeiden!**
◆ **Falls Essigessenz ins Auge gerät, mit viel Wasser spülen!**
◆ **Essigessenz zerstört unwiderruflich Oberflächen aus Marmor.**

Überprüfe die in der Tabelle aufgeführten Stoffe bzw. Gegenstände auf Kalk, indem Du Proben davon in einer Untertasse mit etwas Essigessenz betropfst.
Die Reste dürfen mit viel Wasser in den Ausguß gespült werden.

Stoff bzw. Gegenstand	Reaktion mit Essigessenz?	Ist Carbonat vorhanden?
Bodenprobe 1:		
Bodenprobe 2:		
Bodenprobe 3:		
Schneckenhaus		
Muschelschale		
Tafelkreide		

1. Warum darf Marmor nicht mit Essig gereinigt werden?
2. Welche Bedeutung hat der Kalkgehalt für Böden? Versuche, diese Frage mit Hilfe Deines Chemiebuches zu beantworten.
3. Formuliere die Gleichung der Reaktion von Essigsäure mit Kalk.

C - SL 2

Natürliche Indikatoren

Chemie	ab 7	Säuren und Laugen	Indikatoren	??	
Fach	*Klasse*	*Grobthema*	*Feinthema*	*theoret. Niveau*	*prakt. Niveau*

Position des Versuches im Unterricht

Die Schüler haben im Unterricht Indikatoren (Lackmus, Phenolphthalein, Universalindikator) und einige Säuren und Laugen kennengelernt.

Nun bieten natürliche Indikatoren und die damit durchgeführten Versuche mit Haushaltschemikalien eine gute Chance, den Schul- bzw. Laborbereich zu verlassen. Die Erfahrungen münden in die Erkenntnis: „Säuren, Laugen und Indikatoren sind alltäglich".

Fachlicher Hintergrund / Die Versuche

Viele Pflanzen enthalten Farbstoffe, deren Farbton vom pH-Wert abhängt. Die folgende Übersicht nennt die wichtigsten Beispiele. Es wird beschrieben, wie diese „natürlichen Indikatoren" gewonnen bzw. eingesetzt werden können. Außerdem werden die typischen Farben im sauren, neutralen und alkalischen Milieu genannt.

geeignete Säuren: Speiseessig, Zitronensaft

geeignete Laugen: Lösungen von Natriumhydrogencarbonat (Natron, $NaHCO_3$) oder Natriumcarbonat (Soda, Na_2CO_3)

Falls erforderlich, kann etwas Natriumcarbonat mit nach Hause gegeben werden.

Indikator	Einsatz	Farbe in Säuren	Farbe „neutral"	Farbe in Laugen
rote Nelken und andere Blumenarten	Blume in die saure, neutrale oder alkalische Flüssigkeit stellen. Eine Variante mit gespaltenem Stengel finden Sie auf der Schülerseite.	hellrot	mittelrot	weinrot purpur bläulichrot
Rotkohlsaft Blaukraut	Rotkohl wird in Streifen geschnitten und in einer Schüssel o.ä. mit warmen Wasser übergossen. Einige Minuten ziehen lassen, dann dekantieren. Im Gegensatz zur Aussage vieler Versuchsanleitungen muß nicht gekocht werden! Soll der Rotkohlsaft für längere Zeit zur Verfügung stehen, muß er in kleinen Portionen (z. B. Eiswürfelbehälter) eingefroren werden, da er sonst schnell verdirbt. Rotkohlsaft ist aufgrund seiner feinen pH-abhängigen Farbabstufungen gut als Universalindikator geeignet.	weinrot rot hellrot je nach pH	violett	blau türkis grün je nach pH
Schwarzer Tee	Ein kräftiger schwarzer Tee wird zubereitet und in mehrere kleine Portionen verteilt.	Aufhellung	„normal"	fast schwarz
Hagebuttentee	Ein kräftiger Hagebuttentee wird zubereitet und in mehrere kleine Portionen verteilt.	hellrot	rot	dunkelrot

Name:	Fach:	Klasse:	Datum:

Natürliche Indikatoren

C - SL 2

Du hast bereits im Chemieunterricht mehrere Säuren und Laugen kennengelernt und weißt, wie man sie mit Indikatoren überprüfen kann.
Einige Indikatoren können auch aus Pflanzenfarbstoffen hergestellt werden: „Natürliche" Indikatoren!

Geräte	Chemikalien	Sicherheit und Entsorgung
◆ mehrere Trinkgläser ◆ Messer	◆ Schwarzer Tee (Beutel) ◆ Hagebuttentee (Beutel) ◆ frischer oder tiefgekühlter Rotkohl ◆ rote, rosa oder blaue Blumen (Nelken, Veilchen usw.) ◆ SÄURE: Essig oder Zitronensaft ◆ LAUGE: Natriumcarbonat oder Natriumhydrogencarbonat in Wasser lösen	**Die verwendeten Chemikalien sind relativ harmlos. Natriumcarbonat (Soda) soll aber nicht ins Auge gelangen oder gegessen werden. Die Stoffe dürfen mit Wasser in die Kanalisation gespült werden.**

Notiere Deine Beobachtungen in die Tabelle!

1. Versuche mit Blumen

a) Stelle je eine der oben genannten Blumen in ein Glas mit Säure, Lauge und Wasser. Notiere, wie sich die Farben nach einer Stunde geändert haben.

b) Spalte den Stiel einer geeigneten Blume bis zur Blüte (siehe Abb.). Stelle die eine Hälfte in ein Glas mit verdünnter Lauge, die andere in ein Glas mit verdünnter Säure. Wie sieht die Blüte nach einer Stunde aus?

Beobachtung: ....

2. Schwarzer Tee

Koche eine Kanne kräftigen Schwarzen Tee. Verteile den Tee über mindestens fünf Gläser.
- Gib zu dem einen Glas Essig oder Zitronensaft und beobachte die Farbänderung.
- Zu einem weiteren Glas wird Natriumcarbonat (eine Lauge) gegeben.
- Was geschieht, wenn Du in das Glas mit Tee und Natriumcarbonat viel Säure gibst?
- Kann der Tee beliebig oft „umgefärbt" werden?

3. Wiederhole Versuch 2 mit Hagebuttentee.

4. Rotkohlsaft (1)

Zerschneide einen kleinen Kopf Rotkohl in Streifen oder taue eine Packung tiefgekühlten Rotkohl auf. Überschütte das Gemüse in einem Topf oder einer Schüssel mit soviel warmem Wasser, daß es gerade so bedeckt wird und lasse eine Weile ziehen.
Schütte den Saft in 3 kleine Gläser. Den Rest kannst Du für spätere Versuche in einem Beutel einfrieren. Gib zu je einem Glas Rotkohlsaft Säure und Lauge.

Indikator	Farbe „sauer"	Farbe „neutral"	Farbe „laugig"
Blume:........................			
Schwarzer Tee			
Hagebuttentee			
Rotkohlsaft			

5. Rotkohlsaft (2)

a) Verteile Rotkohlsaft auf 6-10 Gläser und versuche, durch Zugabe von Säuren und/oder Laugen möglichst viele Farbtönungen zu erzeugen.

b) Gib in ein großes Glas Rotkohlsaft. Füge soviel Natriumcarbonat hinzu, bis die Lösung tiefblau ist. Beleuchte das Glas von unten und tropfe Essigessenz oder Essig in die Lösung.

c) Erzeuge wieder eine tiefblaue Rotkohlsaft-Lösung. Füge eine Messerspitze Zitronensäure oder Weinsäure hinzu. Nicht umrühren, sondern genau beobachten!

C - SL 3a

Die Verdünnungsreihe

Chemie	ab 9	Säuren und Laugen	pH-Wert	???	
Fach	*Klasse*	*Grobthema*	*Feinthema*	*theoret. Niveau*	*prakt. Niveau*

Position des Versuches im Unterricht / Ziele

Im Unterschied zum Versuch *Natürliche Indikatoren* müssen die Schüler mit dem Begriff *pH-Wert* vertraut sein: Sie sollen die Werte 0-14 interpretieren können.

Nach Durchführung der Versuche sollen die Schüler wissen:

- Rotkohlsaft ist ein guter Universalindikator; sowohl als Lösung als auch als Indikatorpapier.
- Säuren und Laugen sind alltäglich.
- Erst durch zehnfache Verdünnung ändert sich der pH-Wert einer Lösung um einen Schritt.

Die Versuche

1. Die ***Herstellung des Rotkohlsaftes*** ist bereits unter *Natürliche Indikatoren* beschrieben worden.
2. ***Herstellung von Indikatorpapier:*** Filterpapier wird mit Rotkohlsaft getränkt, getrocknet und in Streifen geschnitten.
3. Mit Zitronensäure wird der bekannte Versuch ***Verdünnungsreihe*** (Extra-Blatt) durchgeführt, die Messungen eignen sich ggf. zum „Eichen" der Indikatorlösung. Wichtig ist die Erkenntnis: Erst durch zehnfaches Verdünnen ändert sich der pH-Wert um eine ganze Zahl.
4. Sehr hübsch ist ein Versuch, bei dem mit Filterpapier, Rotkohlsaft und diversen Flüssigkeiten mit unterschiedlichem pH-Wert eine farbige ***„Blüte"*** entsteht.
5. Der pH-Wert von ***Haushaltschemikalien und Lebensmitteln*** wird gemessen. Hierbei kann passieren, daß die Schüler mit gefährlichen Chemikalien in Berührung kommen. Aus diesem Grund sind Hinweise zur Sicherheit besonders wichtig. Sinnvoll ist es, Eltern mit einem Brief zu informieren und um Mithilfe zu bitten (Vorlage ► nächste Seite). Aufsicht durch die Eltern ist auch bei dem Versuch mit Rotwein wünschenswert.
6. Der pH-Wert einer ***Bodenprobe*** wird gemessen. Die Schüler entnehmen eine Bodenprobe, schwemmen sie mit möglichst wenig Wasser auf, filtrieren und messen den pH-Wert.
7. Der pH-Wert von ***Speichel*** vor und nach Kaugummikauen wird gemessen. Zu erwarten ist eine Verschiebung des pH in Richtung Säure.
8. ***Regenwasser*** wird gesammelt, sein pH-Wert gemessen. Gleichermaßen verfahren die Schüler mit anderen ***Wasserproben***.
9. Feuchtes Indikatorpapier wird auf einen ***Ameisenhaufen*** gelegt. Die Ameisen bekämpfen den „Feind": Der Indikator zeigt eine Säure an. (Ameisensäure).
10. ***Eine Flasche Wein*** wird geöffnet, der pH-Wert des Weines gemessen. Ein halbes Glas davon wird etwa eine Woche offen stehen gelassen, dann der pH abermals gemessen: Durch Bildung von Essig (Oxidation von Alkohol) ist der Wein sauer geworden.
    Ein alkoholfreier Ersatzversuch: ***Milch*** wird ebenfalls nach einigen Tagen sauer!

Es spricht nichts dagegen, einige Streifen Indikatorpapier mit nach Hause zu geben.

Der Vorteil: Es steht dann eine geeichte pH-Skala zur Verfügung.

Dennoch gilt zu bedenken, daß die Versuche mit dem selbstgefertigten Rotkohl-Indikator besonders reizvoll sind.

Name: | Fach: | Klasse: | Datum:

Die Verdünnungsreihe

C - SL 3a

Nicht nur im Chemielabor ist der pH-Wert von großer Bedeutung. Unser Leben ist abhängig von den jeweils richtigen pH-Werten: Der pH-Wert des Bodens bestimmt, welche Pflanzen am besten darauf gedeihen. „Saurer Regen" greift Pflanzen und Gebäude an. Unsere Haut fühlt sich bei einem pH von 5,5 am besten.
Das waren nur einige Beispiele. Die Versuche dieses und einiger anderer Arbeitsblätter sollen die Wichtigkeit des Themas unterstreichen.

Material
• Zitronensäure oder Weinsäure • Rotkohlsaft (frisch zubereitet oder tiefgekühlt) • 5 kleine Gläschen (maximal 0,1 Liter Volumen) • Teelöffel (TL) • Indikatorpapier

Versuch Die Verdünnungsreihe von Säuren / „Eichen" des Rotkohlindikators

Wir haben Rotkohlsaft bereits als Universalindikator schätzen gelernt. Er kann nicht nur wie Lackmus Säuren, Laugen und neutrale Flüssigkeiten unterscheiden, sondern auch Auskunft über die Stärke von Säuren und Laugen durch feine Farbänderungen geben.
Was nützen jedoch die Farben, wenn wir sie nicht interpretieren können? Um diesen Mißstand zu ändern, führen wir parallel Messungen mit industriell gefertigten und geeichten Indikatorpapieren durch.

1. Gib einen Teelöffel Zitronensäure in das erste Glas und füge 9 Teelöffel Wasser hinzu. Gut umrühren, bis sich die Kristalle vollständig aufgelöst haben.
2. Gib einen Teelöffel dieser Lösung in das zweite Glas und fülle mit 9 Teelöffeln Wasser auf.
3. Nimm davon wiederum einen Teelöffel, gib ihn in das dritte Glas und fülle mit 9 Teelöffeln Wasser auf.
4. Verfahre wie oben mit dem 4. und 5. Glas.

Trage in die gezeichneten Gläser ein, wieviel Prozent Zitronensäure die Lösung jeweils enthält.

5. Gib nun zu jeder der Lösungen einen Teelöffel Rotkohlsaft und notiere die Farben. Die Farbbezeichnungen müssen möglichst genau sein.
6. Teste alle Lösungen mit dem Indikatorpapier, vergleiche mit der gedruckten Farbskala und notiere die pH-Werte.

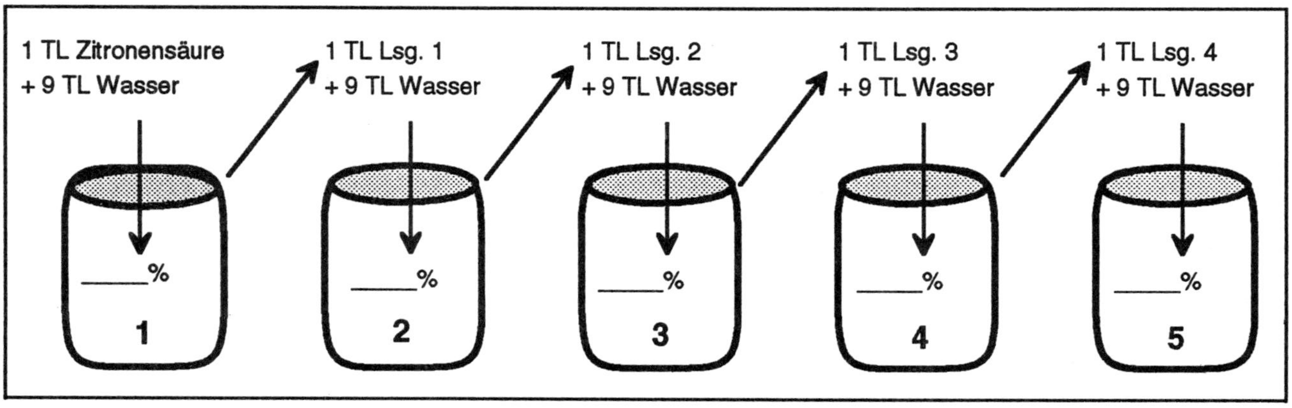

	Glas 1	Glas 2	Glas 3	Glas 4	Glas 5
Farbe des Rotkohlsaftes					
pH - Wert					

C - SL 3b

Der pH-Wert im Alltag

Chemie	ab 9	Säuren und Laugen	pH-Wert		
Fach	*Klasse*	*Grobthema*	*Feinthema*	*theoret. Niveau*	*prakt. Niveau*

Antworten zu den Fragen von Arbeitsblatt 3b

1. Die Oberfläche der Haut hat einen pH-Wert von 5,5 - 6. Dieser „Säureschutzmantel“ hat wichtige Aufgaben für die Gesundheit. Deshalb ist ein entsprechender pH-Wert bei Seifen, Shampoos und Badezusätzen sinnvoll.

   Dennoch ist vor übertrieben starkem Gebrauch dieser Mittel zu warnen: Nicht nur der pH-Wert ist für die Gesundheit der Haut entscheidend - die Hauptaufgabe der Reinigungsmittel, Fett zu lösen, ist gleichzeitig schädlich. Nützliche Bakterien auf der Haut werden durch die Tenside getötet, der Säureschutzmantel zerstört.

2. Diese Frage kann Anlaß für eine Diskussion oder ein Rollenspiel sein.

3. Erst zehnfache Verdünnung bewirkt eine ganzzahlige pH-Differenz. Das Indikatorpapier ist so ungenau, daß einige Tropfen Wasser mehr oder weniger keine spürbare Farbänderung und damit keine Verfälschung des Meßergebnisses bewirken.

4. Kohlensäure ist zersetzlich; das im Mineralwasser gelöste Kohlenstoffdioxid entweicht nach einiger Zeit.

5. An der Luft oxidiert der im Wein enthaltene Alkohol (neutral) zu Essig (sauer).

Zur Messung des pH-Wertes geeignete Substanzen

	sauer	neutral	basisch	pH ungewiß
Lebensmittel	Säfte Obst Essig	Speiseöl Salzlösung Zuckerlösung	Laugengebäck Lakritz, „Salmis“	Backpulver Milch (je nach Alter) Kaffee, Tee Wein (frisch oder angebrochen)
Medikamente	Aspirin Ascorbinsäure		Magentabletten	
Kosmetika	„Neutralseifen“	Rasierwasser Gesichtswasser	Enthaarungsmittel	Dauerwellmittel
Haushalts-chemikalien	! WC-Reiniger (fl)	Brennspiritus Schmieröl Feuerzeugbenzin	! WC-Reiniger (fest) !!! Abflußreiniger !!! Backofenspray Natron	Waschmittel
Sonstiges	Schweiß		Tabakasche	Speichel

Name:	Fach:	Klasse:	Datum:

Der pH-Wert im Alltag

C - SL 3b

Der Versuch *Verdünnungsreihe* brachte folgende Ergebnisse:

- Um den pH-Wert einer Säure um einen Schritt zu verringern, muß diese auf ein Zehntel verdünnt werden.
- Wir wissen jetzt, welche Farbe des Rotkohl-Indikators in etwa welchem pH-Wert entspricht - zumindest bei Säuren. Falls Du den Versuch NICHT durchgeführt hast, soll Dir diese Tabelle helfen:

Farbe des Rotkohls	hellrot	weinrot	violett	blau	grün
Bedeutung	starke Säure	schwache Säure	neutral	schwache Lauge	starke Lauge

Heute sollst Du mit selbst hergestelltem Rotkohl-Indikatorpapier oder Universal-Indikatorpapier aus der Schule den pH-Wert von Haushaltschemikalien, Lebensmitteln, Kosmetika und anderen Stoffen aus Deiner Umgebung messen.

Material	**Wichtige Hinweise zur Sicherheit**
- Universal - Indikatorpapier *oder* - selbst hergestelltes Indikatorpapier aus Rotkohlsaft: Filterpapier mit Rotkohlsaft tränken, trocknen lassen und in Streifen schneiden. - Viele Stoffe aus Deiner Umgebung	**VORSICHT!** **Auch zuhause gibt es *giftige* und *ätzende* Chemikalien!** **Falls Backofenspray oder Rohrreiniger ins Auge gelangt, muß sofort mit viel Wasser gespült werden.** **Eine ärztliche Behandlung ist unumgänglich!** **Die Haushaltschemikalien dürfen nicht gemischt werden. Es könnte z. B. das tödlich wirkende *Chlorgas* entstehen.**

Die Versuche

Untersuche nasse oder flüssige Stoffe mit trockenem Indikatorpapier. Für feste, trockene Stoffe mußt Du das Papier mit Wasser anfeuchten.
Eine Tabelle zum Eintragen Deiner Meßergebnisse findest Du auf einem Extra-Blatt.

Gefahrenhinweise in der Tabelle: ! = gefährlich !!! = besonders gefährlich

Schreibe die Antworten zu diesen Fragen in Dein Heft!

1. Stimmt die Behauptung, daß Seife oder Shampoo mit einem pH-Wert 5,5 besonders „hautfreundlich" ist? Ist der pH-Wert der einzige wichtige Faktor dafür? Begründe Deine Meinung!

2. Jedes Kind kann im Supermarkt Flaschen mit ätzendem Rohrreiniger kaufen. Ist der „kindersichere Verschluß" ausreichend? Ist der Verkauf dieser Chemikalie an Kinder zu verantworten?

3. Wieso kommt es bei der Messung der Bodenprobe auf etwas mehr oder weniger Wasser zum Verdünnen nicht an?

4. Wie erklärst Du Dir den unterschiedlichen pH-Wert von frischem und abgestandenem Mineralwasser?

5. Warum nimm der pH-Wert von Rotwein zu, wenn er einige Zeit offen gestanden hat? Versuche durch Riechen herauszufinden, welcher Stoff entstanden ist!

, den

Liebe Eltern!

Oft wird dem Chemie-Unterricht vorgeworfen, er habe mit dem Alltag der Schülerinnen und Schüler zu wenig zu tun.
Eine Möglichkeit zu zeigen, daß Chemie nicht nur im Labor stattfindet, sondern alltäglich ist, war der Anlaß dafür, einige ungefährliche Versuche zuhause durchführen zu lassen.
Diesmal sollen aber auch einige Chemikalien untersucht werden, die nicht unbedingt harmlos sind. Dennoch möchte ich nicht auf diese Versuche verzichten, weil es sich um Produkte handelt, die in jedem Supermarkt allgemein zugänglich sind. Ich bitte Sie recht herzlich, Ihr Kind bei den Versuchen zu unterstützen, indem Sie ihm bei der Durchführung zur Seite stehen.
Vielleicht ist auch für Sie interessant zu wissen, wie riskant einige Ihrer „Hausmittel" sind! Hier ein paar besondere Gefahrenhinweise:

- ***Chlorhaltige Sanitärreiniger*** sind schon für sich betrachtet aufgrund ihrer ätzenden Wirkung gefährlich. Zusammen mit pulverförmigen WC-Reinigern entwickeln sie das tödlich wirkende Chlorgas! Aus diesem Grund dürfen die beiden Substanzen niemals miteinander vermischt werden.
- ***Abflußreiniger, Backofensprays*** und einige ***Abbeizmittel*** enthalten in starker Konzentrationen Natronlauge. Gerät diese ins Auge, ist in jedem Fall ärztliche Hilfe erforderlich!

Zwei Beispiele zu Vergiftungen mit Abflußreinigern (Josef Velvart: *Gift im Haushalt*. Verlag Hans Huber, Bern 1991):
„Nicht selten kam es zu einer Defektheilung, wie z. B. bei einem 1 1/2jährigen Kind, das Kontrakturen in der Gesäßgegend entwickelte, die eine plastische Korrektur erforderlich machten. Man hatte nämlich das Kind auf einen Topf gesetzt, der Abflußreiniger (98% Natronlauge) gereinigt worden war."
„Beim Suizidversuch eines 15jährigen Mädchens mit einem Abflußreiniger kam es zu einer Speiseröhrenperforation, die chirurgisch erfolgreich behandelt wurde. Anschließend traten 8 bis 9 cm lange Einengungen auf. Eine nachträgliche plastische Operation der Speiseröhre war nötig."

Ich hoffe, diese Berichte schrecken Sie nicht zu sehr ab. Bei sachgemäßem Umgang ist die Unfallgefahr gering!
Bei der Versuchsreihe wird unter anderem auch Rotwein untersucht. Auch hier bitte ich Sie um Mithilfe - es ist natürlich nicht Sinn des Unterrichtes, Kinder und Jugendliche zum Alkoholkonsum zu animieren.
Ich bitte Sie, die Versuchsanleitung Ihres Kindes zu lesen und dies durch Ihre Unterschrift zu bestätigen. Es entstehen für Ihr Kind garantiert keine Nachteile, wenn es nicht alle aufgeführten Substanzen untersucht.

Vielen Dank für Ihre Hilfe!

Hiermit bestätige ich, den Brief gelesen zu haben: ....

Der pH-Wert im Alltag

C-SL 3c

Material (Vorschläge)	eventuell Fabrikat	pH - Wert	Material (eigene Ideen)	pH - Wert
LEBENSMITTEL				
Zitronensaft..............................				
Apfel oder Apfelsaft..................				
Essig..				
Speiseöl....................................				
Backpulver................................				
frisches Mineralwasser............				
abgestandenes Mineralwasser..				
frischer Rotwein.......................				
3 Tage offener Rotwein............				
Laugenbrezel oder Salzstange..				
Cola-Limonade..........................				
Tee..				
Kaffee..				
Vollmilch..................................				
andere Milchprodukte...............				
Kochsalz....................................				
Zucker.......................................				
MEDIKAMENTE				
Aspirin......................................				
Magentablette...........................				
KOSMETIKA				
Shampoo....................................				
Seife..				
Insektenstift..............................				
Gesichtswasser.........................				
Rasierwasser............................				
Schaumbad................................				
Zahncreme................................				
Dauerwell-Flüssigkeit...............				
HAUSHALTSCHEMIKALIEN				
! WC-Reiniger (fest)..................				
! WC-Reiniger (flüssig).............				
Universalreiniger......................				
Scheuerpulver...........................				
!!! Rohr-Reiniger.......................				
!!! Backofen-Spray....................				
Natron.......................................				
Geschirrspülmittel....................				
! Entkalker................................				
!!! Chlorreiniger.......................				
! Brennspiritus..........................				
Seife..				
Vollwaschmittel.........................				
Feinwaschmittel........................				
Fensterreiniger.........................				

Name:	Fach:	Klasse:	Datum:

Säuren und Laugen im Alltag

C - SL 3d

Name des Versuches	Material (immer: Indikator)	Durchführung	Beobachtung
„Saurer Regen"?	Proben von Regenwasser	Der pH-Wert von Regenwasser kann erheblich schwanken. Interessant sind folgende Vergleiche: **1.** Messung des pH-Wertes bei unterschiedlichen Windrichtungen **2.** Messung des pH-Wertes zu Beginn und gegen Ende eines Regenfalles	
Kampfstoff der Ameisen	- Ameisenhaufen - mit Rotkohlsaft getränktes Filterpapier oder Indikatorpapier	Lege ein größeres, mit Rotkohlsaft getränktes Filterpapier oder nasses Indikatorpapier auf einen Ameisenhaufen und beobachte mehrere Minuten. Nach ca. 10 Minuten: Schüttle die Ameisen ab und rieche an dem Papier	
Macht Kaugummi sauer?	Kaugummi	**1.** Messe den pH-Wert Deines Speichels. **2.** Kaue ca. 5 Minuten lang intensiv ein Kaugummi **3.** Messe erneut den pH-Wert	
Eine bunte Blume	- Rundfilter - Flüssigkeiten mit unterschiedlichem pH - Wert - Draht - Schaschlikspieß oder Pfeifenreiniger	Tränke 4-6 Blatt Rundfilter mit Rotkohlsaft. Tauche jedes Papier in eine andere Flüssigkeit (die pH-Werte sollten sich unterscheiden). Laß die farbigen Papiere trocknen. Dann kannst Du sie mit Draht und einem geeigneten „Stiel" zu einer „Blüte" zusammenfügen.	
Boden-proben	- kleines Gefäß - verschiedene Bodenproben	Jede Pflanze bevorzugt einen bestimmten pH-Wert des Bodens. Entnehme Bodenproben (aus Blumentöpfen, Parks, Beeten usw.), gib jeweils wenig Wasser hinzu und messe den pH-Wert.	

C - Um 1

Der Kresse - Test

Biologie Chemie	ab 8	Umweltschutz	Haushalts-chemikalien		
Fach	*Klasse*	*Grobthema*	*Feinthema*	*theoret. Niveau*	*prakt. Niveau*

Position des Versuches im Unterricht

Die Auswirkung von Chemikalien auf das Pflanzenwachstum können nur langfristig beobachtet werden. Da in der Schule der Platz zum Aufbewahren von Versuchsansätzen meist beengt ist und außerdem täglich beobachtet werden soll, bietet sich der Heimversuch an.

Fachlicher Hintergrund

Der Begriff „Umweltneutrales Reinigungsmittel" ist ein Widerspruch in sich, den solch ein Stoff wäre auch wirkungslos. Die Aufgabe der Tenside, Fette zu lösen, ist zwangsläufig mit der Tötung von Mikroorganismen im Abwasser verbunden.

Dennoch: Es gibt gewaltige Unterschiede in der Umweltwirkung der Chemikalien, die sich vor allem durch die *biologische Abbaubarkeit* ausdrückt.

In diesem Versuch wird die direkte Auswirkung von Reinigungsmitteln auf das Wachstum von Pflanzen untersucht.

Der Versuch

Getreu dem Grundsatz, keine Lebensmittelbehälter für Versuche mit Chemikalien zu verwenden, wäre es ideal, Petrischalen aus Glas oder Kunststoff mit Deckeln zu verleihen.
Auch eine Markierung mit Gefahrensymbolen (X_i bzw. X_n) ist zu erwägen.

Die Schüler sollten bei der Wahl des Fabrikats der Testsubstanzen freie Hand haben. Die Tabelle schreibt allerdings die Verwendung der wichtigsten Typen von Reinigungsmitteln vor.

Vorschläge zur Arbeitsteilung:

- Es werden *verschiedene Konzentrationen* verwendet. Aus diesem Grund habe ich die Angaben zur Dosierung der Reinigungsmittel im Schülerblatt nicht festgelegt.
- Es werden *verschiedene Fabrikate* untersucht. Das ergibt sich automatisch durch die Reinigungsmittel, die zuhause zur Verfügung stehen.

Beobachtungen / Ergebnisse

Es ist zu erwarten, daß die Kressesamen im Leitungswasser bereits nach einem Tag munter keimen und nach 4-5 Tagen etwa 3 cm große, grüne Pflänzchen zu beobachten sein werden.

Bei allen Keimgefäßen mit Reinigungsmitteln sind Störungen des Wachstums erkennbar:

- geringes Wachstum
- keine Entstehung von Trieben
- gelbe Blätter
- fehlende Orientierung zum Licht

Zusätzliche Informationen können folgendem Zeitschriftenartikel entnommen werden:

Bernd LUTZ und Elke SCHULZE
Haushaltsreiniger im Unterricht
Naturwissenschaften im Unterricht - Physik/ Chemie Heft 25 (Juni / Juli 1987)
Friedrich Verlag, Velber

Name:	Fach:	Klasse:	Datum:

Der Kresse-Test

C - Um 1

Reinigungsmittel - gut für die Sauberkeit, schlecht für die Umwelt?
Letzteres gilt vor allem bei übertriebenem Gebrauch, wenn nach dem Motto „Viel hilft viel!“ größere Mengen genommen werden, als der Hersteller empfiehlt.
Kein Reinigungsmittel kann völlig umweltneutral sein. Dennoch kann jeder von uns seinen kleinen Beitrag zur Schonung der Umwelt leisten, indem neben sparsamer Dosierung auch die vergleichsweise harmlosen Mittel gewählt werden.
Die Auswirkung von Reinigungsmitteln auf das Wachstum von Pflanzen soll mehrere Tage lang untersucht werden. Besonders geeignet sind für den Versuch Kressesamen. Sie keimen sehr schnell und benötigen zur Aufzucht nur ein kleines Gefäß mit feuchter Watte oder Filterpapier.

Material	Hinweise zur Sicherheit
◆ Kressesamen ◆ hochwandige Untertassen, kleine Glasschüsseln oder Petrischalen ◆ Watte ◆ klare Kunststoff-Folie ◆ viele flüssige Reinigungsmittel	**Die Warnhinweise auf den Behältern der Reinigungsmittel müssen befolgt werden. Vor kleinen Kindern sichern! Keine Gefäße verwenden, aus denen normalerweise direkt gegessen wird (Verwechslungsgefahr!)**

Versuch

Jeweils 1 ml der zu testenden Reinigungsmittel werden mit 5 ml Leitungswasser gemischt und in die Schalen gegeben. Hinzu kommt ein Wattebausch. Darauf werden etwa 50 Kressesamen gestreut.
Wichtig! Die Behälter müssen mit dem Namen des Reinigungsmittels beschriftet werden!
Der ideale Standort ist ein Fensterbrett; die Samen müssen genügend Licht erhalten. Um Verdunstung zu vermeiden, wird mit Kunststoff-Folie oder mit Glasscheiben abgedeckt.
Notiere nun täglich Deine Beobachtungen!

Reinigungs-mittel und Fabrikat	1. Tag	2. Tag	3. Tag	4. Tag	5. Tag
Universal - Reiniger					
Scheuermilch					
Fensterreiniger					
WC - Reiniger					
Geschirr - Spülmittel					
Weichspüler					
Leitungs-wasser (zur Kontrolle)					

C - Um 2

Staubkarte

Chemie	ab 7	Umweltschutz	Luftverschmutzung durch Staub	?	
Fach	*Klasse*	*Grobthema*	*Feinthema*	*theoret. Niveau*	*prakt. Niveau*

Position des Versuches im Unterricht

Dieser Versuch kann im Anfangsunterricht Chemie während der Unterrichtseinheit *Luft* eingesetzt werden, aber auch im Geographie- oder Biologie-Unterricht beim Thema *Umwelt.*

Fachlicher Hintergrund / Ziele

Ruß und Staub waren neben Schwefeldioxid bis in die frühen 60er Jahre unseres Jahrhunderts die wichtigsten Faktoren der Luftverschmutzung. Deutlich sichtbar für jedermann wurde bei ungünstigen Wetterlagen im Ruhrgebiet zum Trocknen aufgehängte, frischgewaschene Wäsche schnell wieder schmutzig.

Inzwischen hat sich dieses Problem durch Einsatz von Staubfiltern und effektive Maßnahmen gegen SO_2-Emission geändert. Bedingt durch die starke Zunahme des Autoverkehrs sind jedoch Kohlenstoffdioxid (Stichwort *Treibhauseffekt*), Stickoxide und Ozon (*photochemischer Smog*) ins Zentrum des Interesses gerückt.

Dennoch ist eine Untersuchung der Staubbelastung in der Luft interessant.

Außerdem bietet der sehr einfache Versuch die Möglichkeit, die Schüler zu längerfristigen Beobachtungen zu motivieren.

Der Versuch

Das Experiment ist leicht durchzuführen, verlangt aber von den Schülerinnen und Schülern Zuverlässigkeit und Stetigkeit: Sie müssen innerhalb einer Woche jeden Tag einmal zur gleichen Zeit ihre „Meßstation" betreuen und Protokoll führen.

Ein Rahmen aus Pappe oder Holz, Textilklebeband (mit weißer Klebefläche) und durchsichtige Kunststoff-Folie werden gebraucht. Einzelheiten entnehmen Sie bitte dem Arbeitsblatt.

Zwei Beobachtungsmethoden kommen zum Einsatz:

- ***Schwankungen von Tag zu Tag*** können durch Abdecken des Klebestreifens nach 24 Stunden überprüft werden (oben im Bild).
- ***Die kumulative Wirkung*** über einen längeren Zeitraum wird an den nicht abgedeckten Klebestreifen deutlich (unten im Bild).

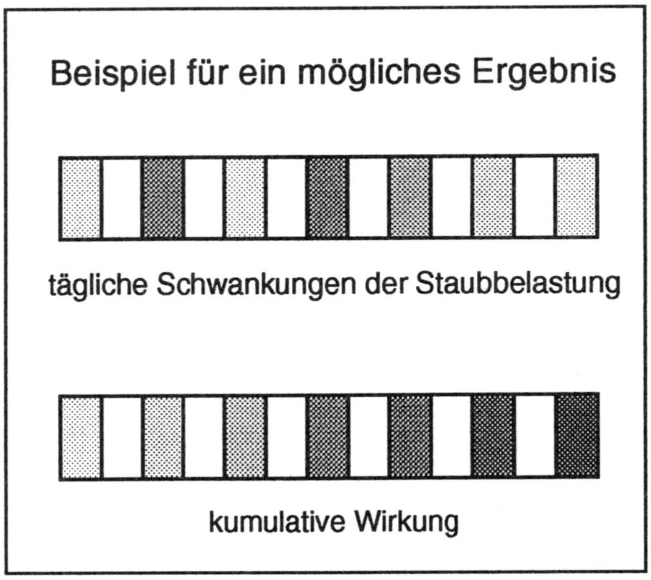

Auswertung in der Schule

Die Klebestreifen können mit kräftigen Lupen betrachtet werden. Die Beobachtungen werden im Zusammenhang mit den Protokoll-Notizen (Wetter) diskutiert:

- Besteht ein Zusammenhang zwischen Luftfeuchtigkeit und Staubbelastung?
- Gab es bei einer bestimmten Windrichtung auffallend starke Staubimmission?
  Woran kann das liegen (Stadtplan / Umgebungsplan einsetzen)?

Name:	Fach:	Klasse:	Datum:

Eine Staubkarte

C - Um 2

1. Arbeitsauftrag

Mit einer „Staubkarte“ sollst Du die Staubbelastung der Luft Deiner Umgebung eine Woche lang untersuchen.

2. Material:

- ein Stück kräftiger Karton DIN A 4
- Gewebe-Klebeband mit weißer Klebefläche
- durchsichtige Kunststoff-Folie

3. Anleitung: Die Zeichnung hat einen Maßstab von etwa 1:2

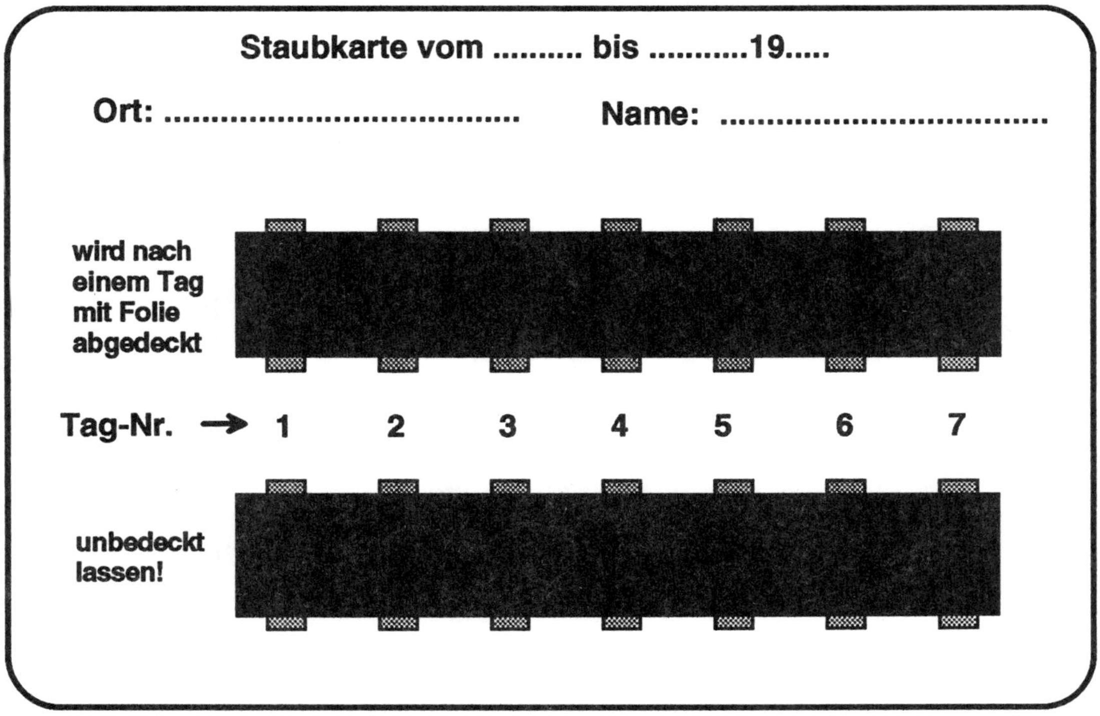

1. Schneide die beiden schwarzen Felder aus, damit zwei große Fenster entstehen.
2. Von Markierung zu Markierung (graue Felder) wird auf der Rückseite jeden Tag zur gleichen Zeit ein neuer Streifen Textilklebeband geklebt, so wie es auf der Zeichnung durch die gestrichelten Linien angedeutet wird.
3. Die Karte muß immer an der gleichen, vor Regen geschützten Stelle liegen, damit vergleichbare Ergebnisse entstehen.
4. **Für die obere Reihe gilt:**
   Immer, wenn ein neuer Klebestreifen montiert wird, schützt Du den „alten“ Streifen mit einer durchsichtigen, farblosen und dünnen Kunststoff-Folie, so daß kein weiterer Staub auf den Streifen gelangen kann. So kannst Du die Staubbelastung einzelner Tage grob vergleichen.

   Für die untere Reihe gilt:
   Die Klebestreifen bleiben unbedeckt, so daß zum Schluß die ältesten Klebestreifen die stärkste Staubbelastung aufweisen. Erst nach der letzten Messung werden auch die sieben unteren Klebestreinfen abgedeckt! Dadurch wird deutlich, wie sich der Staub im Laufe der Zeit ansammelt.

Name:	Fach:	Klasse:	Datum:

Protokoll zur Staubkarte Nr. .....

Die Staubkarte befand sich an der folgenden Stelle: ....

	Datum Uhrzeit	Wind-richtung	Luft-feuchtigkeit	Besonder-heiten
1. Tag				
2. Tag				
3. Tag				
4. Tag				
5. Tag				
6. Tag				
7. Tag				

1. Kannst Du einen Zusammenhang zwischen Staubbelastung und Luftfeuchtigkeit erkennen? Wenn das so sein sollte: Worauf führst Du diesen Zusammenhang zurück?

2. Hast Du bei einer bestimmten Windrichtung eine auffallend starke oder schwache Staubmenge festgestellt? Kannst Du auch hierfür eventuelle Ursachen feststellen ?

Mein Sohn Leander hat sich schon letztes Jahr ausschließlich mit Ihren Heften auf seine Schulaufgaben in Mathe und Englisch vorbereitet, was uns zu einem insgesamt recht entspannten ersten Schuljahr im Gymnasium verholfen hat. Wir erleben Ihre Hefte als echte Unterstützung!

Dem besten Mathelehrer der Welt habe ich die Note 1 im Abitur zu verdanken.

„Die Bücher sind wirklich gut!“
Ein Großbuchhändler

Top! Die Schulaufgaben von bayerischen Gymnasien sind wirklich ihr Geld wert. Das gibt den Kindern Sicherheit. Klasse!

Herzlichen Dank für die prompte Zusendung von Mathematik 11. Martin hat es gut genutzt und 14 Punkte geerntet. Vielen vielen Dank!

VOLLTREFFER !!!
3 Aufgaben in meiner Schulaufgabe waren genau wie die aus Ihrem Buch. Super! Danke!

Großes Lob an Ihr Engagement! Die Hinweise in den ausführlichen Lösungen sind die absoluten Insidertipps!

Wir verwenden die Schulaufgaben für bayerische Gymnasien schon seit einigen Jahren. Die Trainer sind wirklich toll. Das ist der Standard, der definitiv in der Schule drankommt.

Wir haben übrigens schon Mathe für die 5. Klasse Gymnasium zu Hause und sind total begeistert.

Die Tipps zu den Matheaufgaben haben meinem Sohn soviel Selbstbewusstsein gegeben, dass er in seiner Schulaufgabe die Note 1 geschrieben hat.

Ein dickes Lob! Meine Tochter ist total begeistert. Sie hat bei Physik und Chemie das Gefühl: „Das habe ich jetzt verstanden.“

Wir haben alle Ihre Bücher. Die sind spitze!

Dank Ihrer tollen Hefte und mit dem Bayerischen Mathematik-Test (BMT) habe ich die 10. Klasse in Mathematik und damit die Mittlere Reife geschafft.

Ihre Bücher sind so toll. Wir bestellen hiermit die nächsten.

„Ich empfehle die Reihe immer weiter. Sie haben in mir einen Fan gefunden.“
Eine Buchhändlerin

„Die Durchblicker Schulaufgaben sind inzwischen unsere Topseller.“
Eine Buchhändlerin

Französisch 7

ISBN: 978-3-00-034524-1
9 783000 345241

€ 14,95 (D) € 15,40 (A)

Telefon (089) 53 06-420
lokales@merkur.de
Telefax: (089) 53 06-86 56

Münchner Merkur Nr. 285 | Freitag, 9. Dezember 2016

Mehr Durchblick für Schüler

Claus und Monika Arndt produzieren Lernhefte im heimischen Keller in Waldtrudering

VON LAURA MÜLLER

Vielen Kindern graut es vor der Schule. Häufig sind sie unmotiviert und wissen nicht, wie sie sich auf Tests und Schularbeiten vorbereiten sollen. Für diese Problematik gibt es eine Menge Nachhilfelehrer und Bücher, die helfen sollen. Einer der Verlage, die solche Bücher, oder vielmehr Hefte, produzieren, ist der Durchblicker Verlag – ein kleiner Buchverlag, der nur aus dem Ehepaar Claus und Monika Arndt besteht. Er hat sich auf Schulaufgaben und ihre Lösungen spezialisiert. Die Arndts produzieren die Hefte im heimischen Keller in Waldtrudering.

Die Nachfrage ist groß: Im Keller von Monika und Claus Arndt stapeln sich die Lernhefte des heimischen Verlags. Alles ist handproduziert, das ist das Markenzeichen des Verlags.

FOTOS: ASTRID SCHMIDHUBER

Auf den jungen Schülern lastet eine Menge Druck, sagen die Arndts

Claus Arndt, ein ehemaliger Software-Ingenieur, hat den Verlag vor fünf Jahren gegründet. Angefangen hat alles damit, dass Claus Arndt anfing, Nachhilfe zu geben. „Als die Kinder kamen, wollte ich nicht ständig unterwegs sein", erzählte er. „Also habe ich meinen Job gekündigt und Nachhilfe gegeben." Die Schüler kamen gerne zu Claus Arndt, so wurde die Nachfrage irgendwann zu groß. Die Arndts gaben das Lernbüro auf und fingen an, Bücher mit Schulaufgaben und ihren Lösungen zu drucken. Zunächst verkauften sie nur wenige Hefte, doch im vergangenen Jahr waren es schon 20 000. Insgesamt haben sie 58 Bücher verfasst und herausgebracht. Die Arndts sehen sich mittlerweile als „ernst zu nehmende Konkurrenz" für den renommierten Stark-Verlag. Dessen rote Übungsbücher stehen bei vielen Schülern im Regal.

Claus Arndt sammelt seit der Umstellung auf das G8 Schulaufgaben von verschiedenen Schulen. Weil er selbst mal als Lehrer arbeitete, weiß er, was andere Lehrer erwarten. Claus und Monika Arndt orientieren sich bei ihren Aufgaben immer an dem neusten Stand der Lehrpläne.

Die Hefte des Durchblicker-Verlags: Insgesamt 58 Lerntrainer haben die Arndts schon herausgebracht.

Als die Arndts ihren Verlag gründeten, klapperten sie alle möglichen Büchereien ab, um ihre Bücher präsentieren zu können. Monika Arndt hat schon vorher als Lektorin und Autorin gearbeitet. Sie kennt sich in der Branche aus und weiß, wie man hier etwas erreicht. Heute liegen die Bücher des Durchblicker-Verlags etwa in Hugendubel- und Thalia-Filialen aus. „Wir freuen uns, dass unsere Bücher so gut ankommen", sagt Claus Arndt. Am besten verkaufen sich laut den Arndts die Lerntrainer für die Grundschule sowie für die 5. und 6. Klasse Gymnasium. Das verwundert. Claus Arndt erklärt: „Auf den jungen Schülern lastet schon eine Menge Druck."

Am besten verkaufen sich die Lerntrainer für Grundschule und 5. und 6. Klasse

Als die Arndts die Bücher in immer größerer Stückzahl verkauften, stellte sich die Frage, wie sie die Lerntrainer weiter produzieren wollen. Sie entschieden sich, die Bücher selbst zu drucken. „Alles ist handproduziert, das ist unser Markenzeichen", sagt Monika Arndt.

Sie legen Wert darauf, dass ihre Aufgaben schulnah sind und so auch wirklich abgefragt werden könnten. „Außerdem ist es wichtig für uns, die Schüler für das Lernen zu motivieren. Häufig schreiben Kinder schlechte Noten, weil sie zu wenig Selbstvertrauen haben", sagt Claus Arndt. „Wenn die Kinder mit unseren Schultrainern lernen, erkennen sie Aufgaben aus dem Unterricht wieder, das gibt ihnen ein Erfolgserlebnis und motiviert sie." Natürlich könnten die Bücher keine schon vorher entstandenen Wissenslücken schließen, „aber sie helfen, zu vertiefen und zu wiederholen."

AKTUELLES IN KÜRZE

38-Jähriger stirbt nach Drogenkonsum

Ein 38-jähriger Münchner ist am vergangenen Freitag an den Folgen von Kokain- und Alkoholkonsum gestorben. Nach Angaben der Polizei wurde der arbeitslose Münchner am Donnerstag, 17. November, in eine Klinik eingeliefert. Dort musste er reanimiert werden. In seinem Urin wurde ein hoher Kokaingehalt festgestellt. Zudem hatte er eine Alkoholvergiftung. Die Obduktion ergab, dass der 38-Jährige an einer Überdosis Rauschgift gestorben war. Die Polizei schließt Fremdverschulden aus. pim

Rechte und Pflichten von Mietern

Viele Auseinandersetzungen zwischen Vermietern und Mietern resultieren daraus, dass die Parteien ihre Rechte und Pflichten nicht kennen oder diese falsch einschätzen. Die Rechtsanwältin Gisela Weber vom Mieterverein München erläutert bei einem Infoabend im Bauzentrum München, Willy-Brandt-Allee 10, am Dienstag, 13. Dezember, ab 18 Uhr, welche Klauseln Mieter vor der Unterzeichnung eines Formularmietvertrages besonders unter die Lupe nehmen sollten. Sie spricht außerdem die Probleme des Alltags an, die im täglichen Umgang zwischen den Mietvertragsparteien und den Nachbarn auftreten können. Der Eintritt ist frei. do

Monika und Claus Arndt aus Waldtrudering geben im Eigenverlag Lernhilfen für Schüler heraus

Die Durchblick-Garanten

Die Tage sind gezählt bis zu den Sommerferien. Nicht alle Schüler jedoch tun sechs Wochen lang nichts für die Schule. Und es gibt so einige Eltern, die sich jetzt schon fürs neue Schuljahr rüsten. Viele von ihnen landen bei Monika und Claus Arndt aus Waldtrudering. Das Ehepaar gibt Hefte mit Schulproben für Grundschüler und Schulaufgaben für Gymnasiasten und Realschüler heraus. Kinder und Jugendliche können sich mit ihren Durchblicker-Aufgaben auf Prüfungen vorbereiten.

Monika und Claus Arndt im Keller ihres Waldtruderinger Hauses. Dort drucken sie ihre Durchblicker-Schulaufgaben. Jahrelang haben sie zudem Nachhilfeunterricht gegeben, mittlerweile konzentrieren sie sich auf ihr Verlagsgeschäft. Ihre Schulaufgaben sind im Buchhandel zu finden und helfen Schülern bei der Lösung von Schulaufgaben. ***Fotos: Panthermedia/ve/kn***

Im Keller der Familie Arndt im Birkhahnweg in Waldtrudering läuft der Drucker. In den Regalen stapeln sich ordentlich die Ausdrucke. Ihre Bestellungen erreichen Monika und Claus Arndt meist spät abends. Nach Ladenschluss schicken Buchhändler noch ihre Bestellliste ab, so auch an den Durchblicker Verlag in Waldtrudering. Viele Jahre lang haben die Arndts im Keller Schülern Nachhilfeunterricht gegeben. Vor fünf Jahren haben sie einen Verlag gegründet und verkaufen seitdem Bücher mit typischen Schulaufgaben für bayerische Schüler. Derzeit, kurz vor den Sommerferien und vor allem dann im September, sei die Nachfrage besonders groß. „Wir haben ein saisonales Geschäft", sagt Claus Arndt schmunzelnd. Bevor es in die Ferien geht oder zum Start ins neue Schuljahr, bestellen Schüler und ihre Eltern die Durchblicker-Schulaufgaben.

Der Mathematiker sattelte aufs Lehramt um

Die Arndts haben sozusagen eine Marktlücke entdeckt: Verlage bieten zwar immer mehr Lernhilfen für Schüler an. Doch die Arndts haben ihre Ausgaben auf die jeweiligen Schultypen und auf die neuen Lehrpläne in Bayern zugeschnitten. So läuft und läuft ihr Drucker. „Volltreffer!", hat ihnen ein Schüler geschrieben, „drei Aufgaben in meiner Schulaufgabe waren genau wie die aus Ihrem Buch!" Und eine Buchhändlerin lässt sie wissen: „Ich empfehle die Reihe immer weiter. Sie haben in mir einen Fan gefunden."

Wie aber kommt es, dass die beiden Waldtruderinger so einen guten Riecher haben, wie Lehrer ihre Schulaufgaben gestalten und was sie wollen? Claus Arndt war als Diplom-Mathematiker in der EDV-Branche beschäftigt. Bis 2004. Da hieß es: „Wer gehen wolle, könne gehen." Der Waldtruderinger Vater zweier Söhne ließ sich das nicht zwei Mal sagen. Händeringend wurde damals nach Lehrern gesucht. So sattelte der Mathematiker kurzerhand um und unterrichtete fortan an der Realschule in Dachau und am Neuperlacher Heinrich-Heine-Gymnasium Mathe.

Damit nicht genug. Zuhause im Keller eröffnete er mit seiner Frau Monika ein Lernstudio für Schüler. Claus Arndt gab Nachhilfe in Mathematik. Seine Frau in Englisch, Deutsch und Französisch. „Für Physik und Latein beschäftigten wir noch weitere Nachhilfelehrer", erzählt Claus Arndt. Die Waldtruderinger Familien nahmen das Angebot gerne an: Bei den Arndts gab es Nachhilfe für den Achtklässler, der darum kämpfte, wegen Mathe bloß nicht durchzufallen. Ein anderer Bub, ein Grundschüler, konnte partout nicht stillsitzen. „Ich ließ ihn hier unten auf einem kleinen Trampolin auf- und abspringen und fragte ihn dabei das Einmaleins ab", erzählt Claus Arndt. Ebenso ackerten gleich mehrere Schüler in einem Crashkurs, um in ihrer Abschlussprüfung eine bessere Note zu bekommen.

Nachhilfeunterricht von 13 bis 20 Uhr

Vier Jahre lang büffelten die Nachhilfelehrer mit ihren Schützlingen Stunde für Stunde im Keller. „Unseren Höhepunkt hatten wir im Jahr 2008, da saßen wir von 13 bis 20 Uhr in unserem Lernstudio, die Nachfrage in Waldtrudering und Umgebung war einfach so groß", erinnert sich Claus Arndt. Was ist das Arndtsche Erfolgsrezept? Die Arndts lösen mit ihren Schülern Schulaufgaben, erarbeiten Musterlösungen und korrigieren die Antworten gemeinsam. „Diese Klassenarbeiten denken wir uns selbst aus", sagt Claus Arndt. Im Laufe der Jahre haben sie ein Gespür dafür entwickelt, welche Aufgabentypen drankommen können — „wie die Lehrer ticken".

Schulaufgaben zu entwickeln, das machte Claus Arndt bald nicht nur für seine Nachhilfeschüler im Münchner Osten. Für die Verlage Klett und Cornelsen modifizierte er Schulaufgaben. „Doch die Lehrpläne variieren von Bundesland zu Bundesland", erzählt der Klausuren-Profi. Und so schlug man ihm vor, für Bayern einfach selbst Schulaufgaben herauszugeben. Im Eigenverlag.

Claus Arndt hatte ja mit seiner Frau Monika kompetente Hilfe an seiner Seite. Denn vor allem sie war es, die in ganz Bayern Buchhändler abklapperte, um Werbung für die Durchblicker-Schulaufgaben zu machen. Mehr noch: Monika Arndt hatte als Autorin bereits Ernährungsbücher für Kinder veröffentlicht, hatte unter anderem beim Stark-Verlag über Produktion sowie Inhalt von Lernhilfen viele Erfahrungen gesammelt und als Lektorin gearbeitet. Sie knöpfte sich nun die Fächer Deutsch, Französisch und Englisch vor und arbeitete ebenso Schulaufgaben aus. Zudem sei es für sie als Schulaufgaben-Entwickler mit Einführung des G8 leichter geworden: „Alles ist systematischer und strukturierter, ich kann eher abschätzen, was in einer Klassenarbeit drankommt", sagt Claus Arndt.

Neu im Angebot sind Proben für Grundschüler

Mittlerweile haben sie eine breite Palette mit 57 verschiedenen Ausgaben im Angebot: Ob für Gymnasiasten Mathe-Schulaufgaben von der fünften bis hoch zur zwölften Klasse oder für Realschüler Englisch-Schulaufgaben. „Und neu und sehr beliebt sind unsere Schulproben in Mathe, Deutsch und HSU für Dritt- und Viertklässler", sagt Monika Arndt. „Die sind immer mehr unsere Renner!" Als Verlag profitieren sie von dem wachsendem Druck, der schon auf Grundschüler ausgeübt werde. „Eltern wollen unbedingt, dass ihr Kind einen Notendurchschnitt von 2,33 beim Übertrittszeugnis in der vierten Klasse hat, damit es aufs Gymnasium gehen kann", sagt Claus Arndt. „Das ist oft zu viel des Guten." Er weiß, wovon er spricht. Er hat in all den Jahren in seinem Lernstudio viele Kinder kennengelernt. „Oft haben wir gemerkt, welch großen Druck Eltern auf ihr Kind ausüben können." Natürlich müsse sich jedes Kind auf Tests in der Schule vorbereiten. Doch als Eltern zweier Söhne, 1993 und 1996 geboren, wissen sie eben auch, dass ein Kind nicht zu viel lernen dürfe. „Wer für eine Schulaufgabe mit zwei unserer Aufgaben übt, dem reicht das meist", behauptet Monika Arndt.

Den beiden Schulaufgaben- und Nachhilfe-Profis geht es vor allem darum, Schüler besser auf das vorzubereiten, was sie bei einer Probe erwartet. „Angst und Nervosität legen sich schnell, wenn Schüler ähnliche Aufgaben kennen und bereits bearbeitet haben", sagt Claus Arndt.

Verena Rudolf

easy going
locker zu super Noten

Schulaufgaben
von bayerischen Gymnasien
Französisch 7

mit Lösungen

DURCHBLICKER
$a^2+b^2=c^2$
Lernstudio Arndt

Schulaufgaben von bayerischen Gymnasien

Verfügbare Titel

☺ **Mathematik** für Klasse **5, 6, 7, 8, 9, 10, 11** und **12**

☺ **Physik** für Klasse **8, 9** und **10**

☺ **Chemie** für Klasse **8, 9** und **10**

☺ **Englisch** für Klasse **5, 6, 7, 8, 9, 10** und **11/12**

☺ **Französisch** für Klasse **6, 7, 8** und **9**

☺ **Deutsch** für Klasse **5, 6, 7** und **8**

☺ **Latein** für Lernjahr **1, 2** und **3**

Schulaufgaben bayerischer Realschulen

Verfügbare Titel

☺ **Mathematik** für Klasse **5, 6, 7II / III, 8II / III, 9II / III** und **10II / III**

☺ **Englisch** für Klasse **5, 6, 7, 8, 9** und **10**

☺ **Deutsch** für Klasse **5, 6, 7** und **8**

Schulproben von bayerischen Mittelschulen

Verfügbare Titel

☺ **Mathematik** für Klasse **5** und **6**

☺ **Englisch** für Klasse **5** und **6**

☺ **Deutsch** für Klasse **5** und **6**

Schulproben von bayerischen Grundschulen

Verfügbare Titel

☺ **Mathematik** für Klasse **3** und **4**

☺ **Deutsch** für Klasse **3** und **4**

☺ **Heimat- und Sachunterricht (HSU)** für Klasse **3** und **4**

Vorwort

Liebe Schüler, liebe Eltern,

seit der G8-Reform zur Verkürzung der Schulzeit ist Französisch praxisnäher und lebendiger geworden. Diese

Schulaufgaben von bayerischen Gymnasien

Französisch 7

zeigen, welche Aufgabentypen und welcher Schwierigkeitsgrad im G8-Gymnasium in Bayern verlangt werden. Ein großer Teil der Aufgaben habe ich als Französischlehrerin selber entworfen. Original-Schulaufgaben von Nachhilfeschülern unseres ***Durchblicker Lernstudio Arndt*** bilden die Grundlage der Aufgaben in diesem Buch. Wer diese Schulaufgaben konsequent durcharbeitet, dem sind bessere Noten sicher. Durch Übung kommt jeder Schüler zum Erfolg.

In der 7. Klasse werden vier Schulaufgaben geschrieben. Oft heißen diese dann „Großer Leistungstest". Im vorliegenden Band finden sich pro Schulaufgabe jeweils zwei Prüfungen. Die sieben hier gestellten Schulaufgaben mit Lösungen (plus eine mündliche) entsprechen dem hohen Niveau aus Gymnasien in Bayern, die das

Schülerbuch Découvertes 2

im Unterricht verwenden und basieren auf tatsächlich gestellten Aufgaben. Als Schüler kennst du ***Vocabulaire*** mit Übungen zu Vokabeln und ***Exercices*** mit Übungen zur ***Grammaire***. Durch ***Dictée*** schulst du das Schreiben von Diktatübungen. ***Thème*** oder ***Traduisez!*** dient zur Übersetzung ins Französische. Mit einer ***Production de texte*** übst du das Formulieren von ***Un dialogue***. Mit ***Ecoutez!*** lernst du Hörverständnis und Sprachfertigkeit.

Mit diesem Band kannst du Schritt für Schritt alle Schulaufgaben durcharbeiten, bis du fit bist für die nächste Schulaufgabe. Wenn der Lehrer eine Schulaufgabe ankündigt, sagt er z.B. von Leçon 1 bis einschließlich Leçon 2, dann solltest du die entsprechenden Schulaufgaben üben. Versuche die Aufgaben selbstständig zu lösen wie in einer richtigen Schulaufgabe. Gibt es eine ***Compréhension orale*** im Lösungsteil, lass dir den Text vorlesen. Vergleiche deine Lösungen mit den Lösungen der Schulaufgaben und korrigiere dich selbst. Wenn sich die Fehler häufen, dann musst du verstärkt Vokabeln lernen oder in der Grammatik oder im Schülerbuch noch einmal die Kapitel, um die es geht, wiederholen.

Mein Ziel ist es, die Motivation und Kreativität aller Schüler beim Lösen von Schulaufgaben in Französisch zu fördern. Dazu biete ich die **ausführliche Lösung** der Aufgabenstellung.

Viel Spaß beim Lösen der Schulaufgaben

Deine und Ihre Französisch-Trainerin Monika Arndt

Monika Arndt (Dipl.-Übersetzerin für Französisch) veröffentlichte als Buchautorin Ernährungsbücher für Kinder in den Verlagen dtv und Ravensburger. **Das Baby-Kochbuch, Wie Kinder fit und gesund bleiben** und **Das Ravensburger Kochbuch für Kinder** mit Bildern von Ali Mitgutsch.
Zuvor hat Monika Arndt in verschiedenen Redaktionen gearbeitet, z.B. über zehn Jahre in der Redaktion des Schulfernsehheftes beim Bayerischen Schulfernsehen. Beim Stark-Verlag hat sie über Produktion und Inhalt von Lernhilfen Erfahrungen gesammelt, geeignete Lehrer gesucht und die Bücher als Lektorin redigiert.
Sie unterrichtet Englisch und Französisch im ***Durchblicker Lernstudio Arndt***.

Wir danken Hélène, die als Lektorin den Band mit Tipps und Hinweisen ergänzt hat.
Titelbild: Heinrich Schmid, Überlingen am Ried / Singen am Hohentwiel
www.durchblicker.org

ISBN **978-3-00-034524-1**

9 783000 345241

1. Schulaufgabe aus dem Französischen

Nom: ______________________________

Stoff : Leçons 1–2

I. Dictée *(Diktat aus Lösung 2x vorlesen lassen)*

II. Exercices

1. Fügt die Präposition* (prép.) *und die fehlenden Wörter gemäß den Angaben ein. Die Verben werden im* Passé composé *konjugiert.

__________________ (dieses Jahr), nous ____________________ (passer) nos vacances

______ (prép.) Bretagne. Nous ______________(aller) _____ (prép.) voiture ______ (prép.)

Tréguier, une jolie petite ville ____________________ (mit einer schönen) cathédrale.

__________________ (mittags), nous________________ (manger) _________ (prép.) une

crêperie. Puis, moi j'____________________ (prendre) des photos, ma sœur ____________

(écrire) des cartes postales et nos copains __________________ (mettre) _________(ihre)

maillots de bains parce qu'ils _______________ (vouloir) faire de la natation.

__________ (abends) , nos amis _________________ (arriver)

___________________________(in unserer Wohnung) et nous _______________ (sortir)

ensemble.

2. Faites des phrases et employez la négation !

Un inspecteur parle à la secrétaire.

1) Vous / arriver / sept heures / avant / souvent ?

____

Non, je ____

2) Quand / vous / arriver / (p.c.= passé composé) / ce matin / vous / voir (p.c.) / élèves ?

____

Non, je ____

3) Mais / vous / entendre (p.c) / peut-être / quelque chose.

____

Non, je ____

4) Vous / prendre (p.c.) / photos ?

____

Non, je ____

5) Vous /vouloir / accompagner / nous ?

____

Non, je ____

3. Ergänzt die Verben im passé composé !

Le week-end _______________ (être) super. D'abord, nous ____________________ (dormir) jusqu'à 10 heures. Puis, nos copains ____________________ (arriver) et ils ____________________ (jouer) avec nous. Ma soeur________________ (rester) dans sa chambre, puis, elle ________________ (faire) une promenade avec son amie. – Est-ce que vous __________________ (sortir) avec vos copains l'après-midi ? – Oui, nous ____________________ (manger) des crêpes ensemble dans le jardin.

4. Traduisez !

Valentin kommt wütend aus der Schule nach Hause und will in sein Zimmer hinaufgehen.

1. Mme Carbonne : Was hast du ? Sprichst du nicht mit mir ?

Mme Carbonne :

____

____

2. Valentin : Ich mag meine Freunde nicht. Ich will sie nicht mehr sehen !

V :

____

____

3. Mme Carbonne : Was haben sie dir (denn) gesagt ?

Mme Carbonne :

____

____

Manon schaltet sich ein.

4. Manon : Sie haben ihn nachgeahmt und sie haben ihm nicht geholfen.

M. :

____

____

5. Mme Carbonne : Warte ein bisschen (ab) ! Du wirst Freunde finden.

Mme Carbonne :

____

____

6. Manon : Kann ich jetzt zu Samira gehen ?

M. :

____

____

7. Mme Carbonne : Ja. Und wann machst du deine Hausaufgaben ?

Mme Carbonne :

____

____

8. Manon : Ich werde sie später machen.

M. :

____

____

III. Production de texte

Schreibt einen Dialog zwischen Emma und Valentin. Emma findet, dass sich ihre Eltern seltsam verhalten. Valentin stimmt zu und sagt, dass sie seit drei Tagen nicht mehr geschlafen haben, weil ihr Vater einen guten Arbeitsplatz als Mechaniker gefunden hat.

Emma möchte nicht nach Toulouse umziehen. Sie liebt die Museen, die Kinos und ihre Freunde in Paris.

Valentin entgegnet, dass es in Toulouse auch Kinos gibt, dass es dort heiß ist und dass sogar im Winter die Sonne scheint. Er fügt hinzu, dass ihr (beider) Vater nichts verstanden hat, als er Italien mit seinen Eltern verlassen hat. Später war er aber zufrieden in Frankreich.
Emma stimmt zu, dass es in Paris oft regnet. Sie fragt, ob sie die Fotos von Toulouse und der Gegend im Internet sehen kann.

Bonne chance !

1. Lösung: Schulaufgabe aus dem Französischen

I. Dictée *(Diktat 2x vorlesen lassen)*

Dans un souk à Marrakesch

Pendant ses vacances, Malika a habité chez ses grand-parents à côté d'un souk. Depuis des années, elle n'a plus parlé arabe, mais elle le comprend.

Il a fait très chaud. Un matin, Malika et son grand-père ont voulu aller au souk. Il y a beaucoup de touristes, mais ils l'ont traversé sans problème. Malika a cherché un cadeau pour son copain. Enfin, elle a trouvé un joli tee-shirt jaune.

Le soir, ils ont fêté l'anniversaire de Malika. Sa grand-mère a préparé des gâteaux marocains et son grand-père a acheté un joli bijou.

____/20

Tipps und Hinweise
Liaison: Wörter beim Vorlesen verbinden !
ils_ont / des_années / elle n'a plus / ils l'ont
Apostrophierte Verneinungen oder Pronomen wie hier können einem zur Verzweiflung bringen. Also wenn es mal komisch klingen sollte, an die zwei Möglichkeiten denken !
Manche Wörter, die gleich ausgesprochen werden, haben eine andere Bedeutung !
à mit *accent grave* ist eine Präposition. Nicht zu verwechseln mit *a* ohne *accent*, was „hat" bedeutet.

II. Exercices

1. Fügt die Präposition* (prép.) *und die fehlenden Wörter gemäß den Angaben ein. Die Verben werden im* Passé composé *konjugiert

Cette année (dieses Jahr), nous *avons passé* (passer) nos vacances *en* (prép.) Bretagne. Nous *sommes allés* (aller) *en* (prép.) voiture *à* (prép.) Tréguier, une jolie petite ville *avec une jolie* (mit einer schönen) cathédrale. *A midi* (mittags), nous *avons mangé* (manger) *dans* (prép.) une crêperie. Puis, moi *j'ai pris* (prendre) des photos, ma sœur *a écrit* (écrire) des cartes postales et nos copains *ont mis* (mettre) *leurs* (ihre) maillots de bains parce qu'ils *ont voulu* (vouloir) faire de la natation.

Le soir (abends), nos amis *sont arrivés* (arriver) *dans notre appartement* (in unserer Wohnung) et nous *sommes sortis* (sortir) ensemble.

____/16

Tipps und Hinweise
Passé composé mit avoir gebildet (unverändert), bei Verben, die eine Richtung weisen, mit être (an das Subjekt angeglichen) !
nous avons passé / nous sommes allés / nous avons mangé / j'ai pris / elle a écrit / ils ont mis / ils ont voulu / ils sont arrivés / nous sommes sortis
Richtiges Einsetzen von Präpositionen! Für das deutsche „in" gibt es in Französisch verschiedene Möglichkeiten. *à* bei Städten *(à Tréguier) dans (dans une crêperie).*
Die Präposition *en* wird bei Verkehrsmitteln (*en voiture* = mit dem Auto) und bei weiblichen Regionen *(la Bretagne = en Bretagne)* verwendet.

2. Faites des phrases et employez la négation !

Un inspecteur parle à la secrétaire.

1) Vous / arriver / sept heures / avant / souvent ?

Est-ce que vous arrivez souvent avant sept heures ?

Non, je *n'arrive jamais avant sept heures.*

2) Quand / vous / arriver (p.c.) / ce matin / vous / voir (p.c.) / élèves ?

Quand est-ce que vous êtes arrivés ce matin ? Est-ce que vous avez vu les élèves ?

Non, quand je *suis arrivé ce matin je n'ai pas vu les élèves.*

3) Mais / vous / entendre (p.c) / peut-être / quelque chose ?

Mais vous avez peut-être entendu quelque chose ?

Non, je *n'ai rien entendu.*

4) Vous / prendre (p.c.) / photos ?

Est-ce que vous avez pris des photos ?

Non, je *n'ai pas pris de photos.*

5) Vous / vouloir / accompagner / nous ?

Est-ce que vous voulez nous accompagner ?

Non, je *ne veux pas vous accompagner.*

____/20

Tipps und Hinweise
Bei der **Verneinung** soll man immer aufpassen, dass sie ***zweiteilig*** ist *(ne...pas / ne ... plus / ne ... jamais / ne ... rien)* und dass sie das ***konjugierte*** Verb umklammert.

3. Ergänzt die Verben im **passé composé !**

Le week-end *a été* (être) super. D'abord, nous *avons dormi* (dormir) jusqu'à 10 heures. Puis, nos copains *sont arrivés* (arriver) et ils *ont joué* (jouer) avec nous. Ma sœur *est restée* (rester) dans sa chambre, puis, elle *a fait* (faire) une promenade avec son amie. – Est-ce que vous *êtes sortis* (sortir) avec vos copains l'après-midi ? – Oui, nous *avons mangé* (manger) des crêpes ensemble dans le jardin.

____/8

Tipps und Hinweise
Passé composé mit avoir gebildet (unverändert), bei Verben, die eine Richtung weisen, mit être (an das Subjekt angeglichen) !

4. Traduisez !

Valentin kommt wütend aus der Schule nach Hause und will in sein Zimmer hinaufgehen.

1. Mme Carbonne : Was hast du ? Sprichst du nicht mit mir ?

Mme Carbonne : *Qu'est-ce que tu as ? Tu ne me parles pas ?*

2. Valentin : Ich mag meine Freunde nicht. Ich will sie nicht mehr sehen !

V : *Je n'aime pas mes amis. Je ne veux plus les voir.*

3. Mme Carbonne : Was haben sie dir (denn) gesagt ?

Mme Carbonne : *Qu'est-ce qu'ils t'ont dit ?*

Manon schaltet sich ein.

4. Manon : Sie haben ihn nachgeahmt und sie haben ihm nicht geholfen.

M. : *Ils l'ont imité et ils ne l'ont pas aidé.*

5. Mme Carbonne : Warte ein bisschen (ab) ! Du wirst Freunde finden.

Mme Carbonne : *Attends un peu ! Tu vas trouver des amis.*

6. Manon : Kann ich jetzt zu Samira gehen ?

M. : *Je peux aller chez Samira maintenant ?*

7. Mme Carbonne : Ja. Und wann machst du deine Hausaufgaben ?

Mme Carbonne : *Oui. Quand est-ce que tu fais tes devoirs ?*

8. Manon : Ich werde sie später machen.

M. : *Je vais les faire plus tard.*

____/20

III. Production de texte (un dialogue)

Emma: Nos parents sont bizarres, je trouve.

Valentin: Oui, c'est vrai. Ils n'ont plus dormi depuis trois jours, parce que papa a trouvé un super travail comme mécanicien.

Emma: Je ne veux pas déménager à Toulouse. J'aime les musées, les cinémas et mes amis à Paris !

Valentin: Mais à Toulouse il y a aussi des cinémas. Il fait chaud et même en hiver, il y a du soleil ! Et papa, il n'a rien compris, quand il a quitté l'Italie avec ses parents. Après, il a été content en France.

Emma: Oui, il pleut souvent à Paris. Est-ce que je peux voir les photos de Toulouse et de la région sur Internet ?

____/14

Maximum de points ____/98

1. Schulaufgabe aus dem Französischen

Nom: ______________________________

Stoff : Leçons 1–2

I. Dictee *(Diktat aus Lösung 2x vorlesen lassen)*

II. Grammaire

1. Les verbes – Mets les verbes à la forme indiquée ! (prés. = présent ; p.c.= passé composé, f.c. = futur composé)

Dimanche chez les Carbonne. Emma parle de son samedi.

Cécile, Patrick et moi, nous __________ (prendre, p.c.) rendez-vous devant le collège à 10 heures. Je ________________ (arriver, p.c.) un peu avant Cécile et Patrick. Ils ___________ (venir, p.c.) en vélo. D'abord, Cécile _________________ (vouloir, p.c.) me montrer le Capitole. Alors, nous _____________________ (aller, p.c.) en ville. A midi, nous _______________ (manger, p.c.) un sandwich au marché. Alors Cécile _______________ (avoir, p.c.) une idée. On _________ (rencontrer, f.c.) deux autres copains, David et Simon à deux heures au Palais des Sports. À deux heures et demie, nous ____________________ (partir, p.c.) ensemble au canal du Midi. Là, à trois heures, Cécile et moi, nous ________________ (monter, p.c.) sur un bateau. Les garçons _______________________ (prendre, p.c. + ne…pas) le bateau avec nous, parce qu'ils ___________________ (vouloir, p.c.) regarder le match de foot à la télé ! Sur le bateau, Cécile m' ___________________ (demander, p.c.) : « Tu _______________ (voir, p.c.) ça ? Quand il y a un match de foot, les garçons _____________ (devoir, prés.) partir ! » Alors j' _________________ (répondre, p.c.) : « Dans ma famille, c'est aussi comme ça avec Papa et Valentin. Samedi soir Maman et Manon nous _________________ (aller, p.c.) manger au restaurant et les garçons _______________ (rester, p.c.) devant la télé. »

2. La négation – Donne une réponse négative ! Attention aux indications entre parenthèses !
Un week-end en famille

M. Carbonne : « Vous <u>voulez visiter la ville</u> ? »

Valentin: « Non, je ____________________ (nicht)
Moi j'ai envie de regarder un match de foot. »

Manon: « Ah non, moi, je ____________________
____________________. » (überhaupt keine Lust)

Mme. Carbonne : « Alors, on va à la piscine ! »

Emma: « Non, moi, je ____________________ (auch nicht)
J'ai une autre idée. Jouons au frisbee! »

Manon: « Mais les parents ____________________ !« (nie)

M. Carbonne : « Eh bien, écoutez ! On fait une petite fête et on invite les voisins. »

Tous ensemble: « Voilà une bonne idée ! »

3. Faites des phrases au passé composé !

a) Emma / passer / journée / super / Villette.

____

b) Emma et Manon / visiter / planétarium / et / Géode.

____

c) Mais / elles / oublier / sac à dos / vestiaire.

____

4. Traduisez !

1. Wann werdet ihr morgen abfahren ?

____

2. Am Samstag geht mein Bruder oft mit seinen Freunden aus.

____

3. Sie verbringen einen tollen Tag, aber sie sehen das Feuerwerk nicht, weil es plötzlich einen Sturm gibt.

____

____

4. Mein Bruder regt mich auf, weil er oft schmollt.

____

____

5. Ich habe das Paket meiner Großeltern noch nicht erhalten.

6. Heute ist schönes Wetter und es sind 21 Grad.

7. Meine Freundin hat ihren Regenschirm verloren.

IV. La météo

Décris le temps ! ***Beschreibe das Wetter !***

In London ist das Wetter schlecht, es hat 10°, es regnet und es ist bewölkt.

Londres

V. Production de texte

Tes parents te disent que vous allez déménager de Paris. Comment est-ce que tu trouves l'idée ? Ecris une lettre à ton cousin / à ta cousine. (6–8 phrases) !

Folgende Elemente soll die E-Mail enthalten:
– Umzug von Paris nach Toulouse
– Vater wird bei Airbus arbeiten: sehr zufrieden. Wetter ist gut in Toulouse
– traurig: meine Freunde verlassen. Ich werde eine andere Schule besuchen, andere Freunde finden müssen
– Morgen nehmen Eltern Zug nach Toulouse
  Anzeige in der Zeitung lesen: suchen ein Haus oder eine große Wohnung
– Vor dem Umzug große Feier. Freunden auf Wiedersehen sagen. Ich werde sie nicht vergessen.
  Ich werde sie einladen.
– Und du? Wie geht es?
  Schreib schnell!

Bonne chance !

Lösung: 1. Schulaufgabe aus dem Französischen

I. Dictee *(Diktat 2x vorlesen lassen)*

Aujourd'hui, Madame Messardi accompagne Malika, Emma et sa petite sœur Manon au parc de la Villette. À l'entrée, elle dit : « Je dois d'abord acheter les billets. Posez vos sacs à dos au vestiaire ! Je viens tout de suite. » À la caisse, elle reçoit aussi un plan du parc. Puis la visite peut commencer.

Le soir, Manon raconte sa journée à ses parents. « Emma et Malika, elles ont adoré les étoiles au planétarium, mais moi, j'ai surtout aimé les poissons à l'aquarium. Ensuite on a grimpé dans le grand sous-marin. Quelle horreur ! On est vite descendu. J'ai oublié mon sac à dos ! C'est trop bête ! »

____/20

Tipps und Hinweise
Liaison: Wörter beim Vorlesen verbinden !
elles_ont_adoré_les_étoiles, on_a, on_est, sac_à_dos
Endungen, die man nicht hört, nicht vergessen !
In diesem Diktat gibt es viele Verben, bei denen es auf die richtige Endung ankommt.
Das *e* bei *il accompagne,* das *s* bei *je dois, je viens* das *t* bei *elle peut, elle reçoit* und *elle dit,* und schließlich *elles ont adoré*
Auf Akzente, Apostophe, Cedilles und Bindestriche achten !
entrée, journée, bête; *reçoit*

II. Grammaire

1. Les verbes – Mets les verbes à la forme indiquée ! (prés. = présent ; p.c.= passé composé, f.c. = futur composé)

Dimanche chez les Carbonne. Emma parle du samedi.

Cécile, Patrick et moi, nous *avons pris* (prendre, p.c.) rendez-vous devant le collège à 10 heures. Je *suis arrivée* (arriver, p.c.) un peu avant Cécile et Patrick. Ils *sont venus* (venir, p.c.) en vélo. D'abord, Cécile *a voulu* (vouloir, p.c.) me montrer le Capitole. Alors, nous *sommes allés* (aller, p.c.) en ville. A midi, nous *avons mangé* (manger, p.c.) un sandwich au marché. Alors Cécile *a eu* (avoir, p.c.) une idée. On *va rencontrer* (rencontrer, f.c.) deux autres copains David et Simon à deux heures au Palais des Sports. A deux heures et demie, nous *sommes partis* (partir, p.c.) ensemble au canal du Midi. Là, à trois heures, Cécile et moi, nous *sommes montées* (monter, p.c.)

sur un bateau. Les garçons *n'ont pas pris* le bateau avec nous, parce qu'ils *ont voulu* (vouloir, p.c.) regarder le match de foot à la télé ! Sur le bateau, Cécile m'*a demandé* (demander, p.c.) : « Tu *as vu* (voir, p.c.) ça ? Quand il y a un match de foot, les garçons *doivent* (devoir, prés.) partir ! Alors j' *ai répondu* (répondre, p.c.) : « Dans ma famille, c'est aussi comme ça avec Papa et Valentin. Samedi soir Maman et Manon nous *sommes allées* (aller, p.c.) manger au restaurant et les garçons *sont restés* (rester, p.c.) devant la télé. »

_____/20

Tipps und Hinweise
Vorsicht Mischaufgabe ! Konzentration ist gefragt !
Aufpassen, ob sich etwas in der Vergangenheit ***(Passé composé)*** abspielt oder in der Zukunft ***(Futur composé)*** !

2. La négation – Donne une réponse négative ! Attention aux indications entre parenthèses !

Un week-end en famille

M. Carbonne :	« Vous <u>voulez visiter la ville</u> ? »
Valentin:	« Non, je *ne veux pas visiter la ville.* » (nicht) Moi j'<u>ai envie de regarder un match de foot</u>. »
Manon:	« Ah non, moi, je *n'ai pas du tout envie de regarder un match de foot.* » (überhaupt keine Lust)
Mme Carbonne :	« Alors, <u>on va à la piscine</u> ! »
Emma:	« Non, moi, je *ne vais pas non plus à la piscine.* » (auch nicht) J'ai une autre idée. <u>Jouons au frisbee</u>! »
Manon:	« Mais les parents *ne jouent jamais au frisbee*!« (nie)
M. Carbonne :	« Eh bien, écoutez ! On fait une petite fête et on invite les voisins. »
Tous ensemble:	« Voilà une bonne idée ! »

_____/8

Tipps und Hinweise
Bei der **Verneinung** soll man immer aufpassen, dass sie ***zweiteilig*** ist *(ne…pas /ne … pas du tout / ne … pas non plus / ne … jamais)* und dass sie das ***konjugierte*** Verb umklammert.

3. Faites des phrases au passé composé !

a) Emma / passer / journée / super / Villette.

Emma a passé une super journée à la Villette.

b) Emma et Manon / visiter / planétarium / et / Géode.

Emma et Manon ont visité le planétarium et la Géode.

c) Mais / elles / oublier / sac à dos / vestiaire.

Mais elles ont oublié leur sac à dos au vestiaire. _____/9

Tipps und Hinweise
***leur sac à dos*:** Mehrere Peronen haben eine gemeinsame Sache.
Eine Ortsangabe wird mit der Präposition *à* eingeleitet. Villette ist mit seiner Endung *-ette* weiblich, daher *à la Villette*, *vestiaire* ist wiederum männlich, daher *au vestiaire*.

4. Traduisez

1. Wann werdet ihr morgen abfahren ?

Quand est-ce que vous allez partir demain ?

2. Am Samstag geht mein Bruder oft mit seinen Freunden aus.

Samedi, mon frère sort souvent avec ses copains.

3. Sie verbringen einen tollen Tag, aber sie sehen das Feuerwerk nicht, weil es plötzlich einen Sturm gibt.

Ils passent une super journée, mais ils ne voient pas le feu d'artifice, parce qu'il y a tout à coup une tempête.

4. Mein Bruder regt mich auf, weil er oft schmollt.

Mon frère m'énerve parce qu'il fait souvent la tête.

5. Ich habe das Paket meiner Großeltern noch nicht erhalten.

Je n'ai pas encore reçu le paquet de mes grand-parents.

6. Heute ist schönes Wetter und es sind 21 Grad.

Il fait beau aujourd'hui et il fait vingt et un degrés.

7. Meine Freundin hat ihren Regenschirm verloren.

Ma copine a perdu son parapluie.

_____/20

Tipps und Hinweise
Begegnet man das Wörtchen *que* (z.B. bei *parce que* oder bei Fragen mit *est-ce que*) müssen die Alarmglocken klingeln, denn das *que* wird vor einem Vokal (il / elle / Vornamen mit Vokal ...) apostrophiert.
Adverbien die zeitbezogen sind *(tout à coup, aujourd'hui, demain)* kommen normalerweise **nach** dem Verb, beziehungsweise **nach** dem Infinitiv: *Vous allez partir **demain***.

IV. La météo

Décris le temps ! *Beschreibe das Wetter !*

In London ist das Wetter schlecht, es hat 10°, es regnet und es ist bewölkt.

Londres *Aujourd'hui, à Londres il fait mauvais, il fait dix degrés, il pleut et il y a des nuages.* ____/4

V. Production de texte (une lettre)

Tes parents te disent que vous allez déménager de Paris. Comment est-ce que tu trouves l'idée ? Ecris une lettre à ton cousin / à ta cousine. (6–8 phrases) !

Cher Antoine,

J'ai une bonne nouvelle: nous allons déménager de Paris. Mon père a trouvé un très bon travail comme mécanicien à Airbus à Toulouse. Il est très content. A Toulouse il ne pleut pas souvent. Moi, je suis un peu triste parce que je vais devoir quitter mes amis. Je vais aller dans une autre école. Je vais devoir chercher d'autres copains. Demain mes parents vont prendre le train pour Toulouse et vont chercher une maison ou un grand appartement. Ils veulent regarder les annonces dans le journal. Avant le déménagement on va faire une fête et on va dire au revoir à nos amis. Je ne vais pas oublier mes amis de Paris. Je vais les inviter.
Et toi ? Ça va ?
Réponds vite !
Je t'embrasse, ton cousin Marc.

____/15

Maximum de points ____/96

Tipps und Hinweise
Endungen, die man nicht hört, nicht vergessen !
Bei Verben:
Vorsicht in der 3. Person / Plural. Hier vergisst man gern die Endung *-ent*
Beispiel: *ils disaient*
Bei Nomen:
Hier vergisst man gern die Endung *s*
Beispiel: *mes amis, des autres copains*
je ne vais jamais vous oublier / je vais être: Ihr sollt nicht nur richtig konjugieren, sondern auch die besondere Form ***(futur composé)*** beachten.
Auf Akzente, Apostophe, Cedilles und Bindestriche achten !
*déménager **à** / français / être*

2. Schulaufgabe aus dem Französischen

Nom: ______________________________

Stoff : Leçons 3–5

I. Vocabulaire / Grammaire

Complétez le texte avec des adjectifs, des pronoms relatifs (+), des prépositions et des pronoms démonstratifs avec les mots français. Attention aux verbes !

Hier, au college, Luc a rencontré un ____________________ (neu) élève ________ (+) il n'a jamais vu. « Salut, ça va? Je suis Luc. Et toi? » – «Je m'appelle François. Je suis ____________________ (neu) ici. Nous ____________________ (leben) à Blagnac depuis trois jours. Tu sais où je trouve la bibliothèque? » – « ____________________ (klar) ! Elle est ____________________ (neben) la cantine. Tu ____________ (kennen) Mme Lelouche ? Elle travaille là. Elle est un peu __________ (alt) mais très sympa. Tu cherches un livre ? Elle peut te montrer l'étagère ____________ tu trouves ____________ (dies) livre. » – « C'est ____________ (welcher) femme ? Je cherche une dame _________ (+) peut aider mon frère.» – « Alors, tu dois aller à la salle des profs _______ (+) il y a les profs du collège. Et je suis___________ (sicher) qu'ils _________________ (kennen) quelqu'un pour ton frère. Comme ________________ (zum Beispiel) Mme Bertaud. _______ (dies) prof est aussi très sympa. Mais elle doit aller _____________ (in die Werkstatt = Garage) avec sa voiture. » – « Elle ________________ (gefällt dir) ? » – « Non, mais j'ai déjà vu _________ (dies) voiture devant ______________ (Stadion) hier. C'est une catastophe ! Et __________________ (Fahrerin) aussi, ___________ (schön) mais…» – «Alors, tu ne parles pas de Mme Bertaud. La femme _______ (+) tu penses, c'est peut-être Mlle Tatou. Quand elle ____________ (wegfahren, p.c.) hier, elle a eu un accident avec une autre voiture et elle _________________ (Schmerzen haben, prés.). Elle n'est pas là aujourd'hui. Mme Bertaud, elle _____________ (leben, p.c.) en Allemagne et maintenant elle parle allemand comme une Allemande. Elle est allée ________________ (überallhin) en Allemagne. La famille chez ____________ (+) elle est restée s'appelle Grün, c'est « vert » en français. Bon, maintenant, je dois rentrer. Je vais en ville avec ma mère ______________________ (soeben). Tu veux venir avec nous ? » – « Ah, oui, merci. Je dois acheter ______________________ (ein Album) de Carlo Ponte pour ma mère.

Je dois ____________________ (die Geschäfte abklappern). » – « C'est __________(welche) groupe ? » – « C'est un __________ (alt) chanteur _________ (+) ma mère adore. Il a 60 ans, minimum. Je crois que c'est ______________ (ein Italiener). Mais ma mère aime les chansons de _________ (dies) _____________ (alt) homme.

Attention à la forme de l'adjectif !

Le collège Francois-Villon est un ___________ (groß) collège, comme les autres collèges __________________ (französisch). Les 1250 élèves sont très ___________ (nett). L'école n'est pas ___________ (klein), c'est ___________ (wahr). Les élèves aiment bien l'école parce qu'il y a de ___________ (gut) profs et les cours sont souvent très __________________ (interessant). Mais il y a aussi de ______________ (schlecht) moments quand, par exemple, les profs posent des questions ___________ (blöd) ou quand il y a des contrôles ______________ (schwierig). Julie et Valentin travaillent avec des copains, c'est une ___________(gut) idée ! Ensemble ils trouvent toujours des histoires ___________ (witzig) ou de ___________ (hübsch) poèmes.

II. Traduisez en français

1. Skifahren ist eine Aktivität, die man im Winter in den Bergen macht.

____

2. Ein Architekt ist eine Person, die Häuser zeichnet.

____

3. Ich habe gerade mein Zimmer aufgeräumt.

____

4. Alle Bücher sind jetzt im Regal und jedes T-Shirt ist im Schrank.

____

5. Wo sind die CDs ? – Ich habe sie auch ins Regal gestellt.

____

6. Was macht Aurélie ? – Ich habe sie angerufen, sie wird später kommen.

____

7. Die ganze Klasse muss im Klassenzimmer auf die Lehrerin warten.

____

III. Production de texte

Emma schreibt heute einen **Brief** an Malika.

Der Brief enthält folgende Elemente : Sie bedankt sich für die E-Mail und das Paket. Die Geschenke der Freunde gefallen ihr sehr. Sie denkt oft an ihre Freunde in Paris. In Toulouse hat man Glück mit dem Wetter, es ist nicht kalt im Winter. Im Frühling regnet es oft, aber im Sommer ist es heiß, 30°, viel Sonne, keine Wolken. Ihre Eltern haben ein kleines Haus in einem Vorort von Toulouse gefunden.

Am 10. September ist sie mit ihrer Mutter mit dem Zug nach Toulouse gefahren. Toulouse ist eine interessante Stadt, viele Museen und Parks. Manchmal *(parfois)* ist sie nicht zufrieden, sie hat den Akzent nicht verstanden, doch jetzt geht es. In der Schule hat sie zwei nette Mädchen getroffen. Sophie und Cécile. Gestern Radtour, Sophie fiel vom Rad. Morgen Jazzkonzert mit Cécile und ihrer Familie. Nicht weit von Toulouse kann man in die Berge gehen.

Bonne chance !

Lösung: 2. Schulaufgabe aus dem Französischen

I. Vocabulaire / Grammaire

Complétez le texte avec des adjectifs, des pronoms relatifs (+), des prépositions et des pronoms démonstratifs avec les mots français. Attention aux verbes !

Hier, au college, Luc a rencontré un *nouvel* (neu) élève *qu'*(+) il n'a jamais vu. « Salut, ça va? Je suis Luc. Et toi? » – « Je m'appelle François. Je suis *nouveau* (neu) ici. Nous *vivons* (leben) à Blagnac depuis trois jours. Tu sais où est la bibliothèque? » – « *Bien sûr* (klar) ! Elle est *à côté de* (neben) la cantine. Tu *connais* (kennen) Mme Lelouche ? Elle travaille là. Elle est un peu *vieille* (alt) mais très sympa. Tu cherches un livre ? Elle peut te montrer l'étagère *où* (+) tu peux trouver *ce* (dies) livre. » – « C'est *quelle* (welcher) femme ? Je cherche quelqu'un *qui* (+) peut aider mon frère. » – « Alors, tu dois aller dans la salle *où* (+) il y a les profs du collège. Et je suis *sûr* (sicher) qu'ils *connaissent* (kennen) quelqu'un pour ton frère. Comme *par exemple* (zum Beispiel) Mme Bertaud. *Cette* (dies) prof est aussi très sympa. Mais elle doit aller *au garage* (in die Werkstatt = Garage) avec sa voiture. » – « Elle *te plaît* (gefällt dir) ? » – « Non, mais j'ai déjà vu *cette* (dies) voiture devant *le stade* (Stadion) hier. C'est une catastophe ! Et *la conductrice* (Fahrerin) aussi, *belle* (schön) mais ...» – « Alors, tu ne parles pas de Mme Bertaud. La femme *à qui* (+) tu penses, c'est peut-être Mlle Tatou. Quand elle *est partie* (wegfahren, p.c.) hier, elle *a eu* (haben, p.c.) un accident avec une autre voiture et maintenant elle *a mal* (Schmerzen haben, prés.). Elle n'est pas là aujourd'hui. Mme Bertaud, elle *a vécu* (leben, p.c.) en Allemagne et maintenant elle parle allemand comme une Allemande. Elle est allée *partout* (überallhin) en Allemagne. La famille *chez qui* (+) elle est restée s'appelle Grün, c'est « vert » en français. Bon, maintenant, je dois rentrer. Je vais en ville avec ma mère *tout à l'heure* (soeben). Tu veux venir avec nous ? » – «Ah, oui, merci. Je dois acheter *un album* (ein Album) de Carlo Ponte pour ma mère. Je dois *faire les magasins* (die Geschäfte abklappern). » – « C'est *quel* (welche) groupe ? » – «C'est un *vieux* (alt) chanteur *que* (+) ma mère adore. Il a 60 ans, minimum. Je crois que c'est *un Italien* (ein Italiener). Mais ma mère aime les chansons de *ce* (dies) *vieil* (alt) homme.

_____/38

Tipps und Hinweise
Vorsicht Mischaufgabe ! Konzentration ist gefragt !
Passé composé mit avoir gebildet (unverändert), bei Verben, die eine Richtung weisen, mit être (an das Subjekt angeglichen) !
Demonstrativpronomen *ce / cet / cette / ces*
cet und *cette* nicht verwechseln ! *cette* wird vor einem weiblichen Nomen benutzt, *cet* vor einem männlichen Nomen, das mit einem Vokal anfängt.
Die **Adjektive** „alt, neu, schön“ sind in Deutsch einfach, in Französisch bereiten sie dagegen Kopfzerbrechen.
nouveau, vieux, beau : vor männlichen Nomen
nouvel, vieil, bel : vor männlichen Nomen, die mit einem Vokal anfangen
nouvelle, vieille, belle : vor weiblichen Nomen
nouveaux, vieux, beaux : vor Nomen im Plural
Anpassung und Stellung der Adjektive beachten !
Das **Fragewort** *quel* (welcher) muss dem darauffolgenden Nomen angepasst werden
Quelle femme ?
Die **Relativpronomen** *qui, que* und *où* (mit Präposition) werden eingeführt.
Hier wird das Relativpronomen oft mit einer Präposition *(à, chez)* verwendet. Da es sich um Personen handelt *(la **dame** à qui je peux parler / la **femme** à qui tu penses / la **famille** chez qui elle est restée),* wird *qui* eingesetzt.
Die Verben *vivre, connaître, plaire* müssen sitzen.

Attention à la forme de l'adjectif !

Le collège Francois-Villon est un *grand* collège (groß), comme les autres collèges *français* (französisch). Les 1250 élèves sont très *sympas* (nett), l'école n'est pas *petite* (klein), c'est *juste* (wahr). Les élèves aiment bien l'école parce qu'il y a de *bons* profs (gut) et les cours sont souvent très *intéressants* (interessant). Mais il y a aussi de *mauvais* moments (schlecht) quand, par exemple, les profs posent des questions *bêtes* (blöd) ou quand il y a des contrôles *difficiles* (schwierig). Julie et Valentin travaillent avec des copains, c'est une *bonne* (gut) idée ! Ensemble ils trouvent toujours des histoires *drôles* (witzig) ou de *jolis* (hübsch) poèmes.

____/13

Tipps und Hinweise
Adjektive
Französische Adjektive müssen angepasst werden, auch im Gegensatz zur deutschen Sprache in Verbindung mit dem Verb „sein“ ! In der Regel stehen die Adjektive ***nach*** dem Nomen.
Inzwischen wisst ihr, dass die Franzosen ohne Ausnahme nicht klarkommen: *petit, grand, joli, drôle, bête, bon, mauvais, vieux, nouveau* gehören dazu.

II. Traduisez en français

1. Skifahren ist eine Aktivität, die man im Winter in den Bergen macht.

Faire du ski, c'est une activité qu'on fait en hiver à la montagne.

2. Ein Architekt ist eine Person, die Häuser zeichnet.

Un architecte, c'est une personne qui dessine des maisons / immeubles.

3. Ich habe gerade mein Zimmer aufgeräumt.

Je viens de ranger ma chambre.

4. Alle Bücher sind jetzt im Regal und jedes T-Shirt ist im Schrank.

Tous les livres sont maintenant sur l'étagère et tous les tee-shirts sont dans l'armoire.

5. Wo sind die CDs ? – Ich habe sie auch ins Regal gestellt.

Où sont les CD ? – Je les ai aussi mis sur l'étagère.

6. Was macht Aurélie ? – Ich habe sie angerufen, sie wird später kommen.

Que fait Aurélie ? / Qu'est-ce qu'Aurélie fait ? – Je lui ai téléphoné. Elle va venir plus tard.

7. Die ganze Klasse muss im Klassenzimmer auf die Lehrerin warten.

Toute la classe doit attendre la prof dans la salle de classe.

____/20

Tipps und Hinweise
Tout ist ein unbestimmtes Pronomen. Es muss dem Nomen angepasst werden und wird im Sinn von „ganz" oder „alle" verwendet.
Das Verb „anrufen" verlangt im Deutschen ein direktes Objekt, *téléphoner* wird mit *à* eingeleitet, daher das indirekte Pronomen *lui*.
Wiederholt für jede Schulaufgabe die unregelmäßigen Verben in ***Passé composé***, sie werden immer wieder eingesetzt.

III. Production de texte

Toulouse, le 15 décembre

Chère Malika,

merci beaucoup pour ton e-mail et pour le paquet. Les cadeaux de mes copains me plaisent beaucoup. Je pense souvent à mes copains à Paris. Nous avons de la chance avec le temps : Là, à Toulouse, il ne fait pas froid toute l'année, seulement en hiver. Au printemps il pleut souvent mais en été, il fait chaud, il fait peut-être 30 degrés et il y a beaucoup de soleil, il n'y a pas de nuages.

Mes parents ont acheté une petite maison dans la banlieue de Toulouse. Le 10 septembre, je suis allée avec ma mère en train à Toulouse. C'est une ville très intéressante. Il y a beaucoup de musées, des parcs aussi. Parfois je ne suis pas contente parce que je ne comprends pas leurs accent, mais maintenant ça va. A l'école j'ai rencontré deux filles sympas: Sophie et Cécile. Hier, on a fait une excursion à vélo. Sophie est tombée du vélo. Demain je vais aller à un concert de jazz avec Cécile et sa famille. On peut aussi aller à la montagne. Ce n'est pas loin de Toulouse.

Voilà pour aujourd'hui. J'attends ta réponse.

Cordialement, Emma

____/25

Maximum de points ____/96

Tipps und Hinweise

Endungen, die man nicht hört, nicht vergessen !

Die Verben dem Subjekt anpassen ! Aufpassen, ob etwas in der Vergangenheit ***(Passé composé)*** sich abspielt oder in der Zukunft ***(Futur composé)*** !

Auf Akzente, Apostophe und Bindestriche aufpassen !

e-mail / degrés / allée / très intéressant / les élèves / à vélo / elle est tombée / être

Passé composé mit avoir gebildet (unverändert), bei Verben, die eine Richtung weisen, mit être (an das Subjekt angeglichen) !

mes parents ont acheté / je suis allée / elle est tombée / on a fait

Bei ***futur composé*** aufpassen, dass das darauf folgende Verb im Infinitiv geschrieben wird !

je vais aller

Anpassung und Stellung der Adjektive beachten !

Präpositionen sind immer eine Herausforderung : *en* wird bei Verkehrsmitteln benutzt (*en train* / Ausnahme: *à vélo*) und bei den Jahreszeiten (*en hiver, en été* / Ausnahme: *au printemps*)

2. Schulaufgabe aus dem Französischen

Nom: ______________________________

Stoff : Leçons 3–5

I. Dictée *(Diktat aus Lösung 2x vorlesen lassen)*

II. Grammaire

1. Complète par la forme correcte du verbe, de l'adjectif, du pronom relatif (+) et par une préposition si nécessaire !

Avant le déménagement, les Carbonne __________________ (vivre) à Paris. Maintenant (tout) _________ la famille ___________ (vivre) à Toulouse _______ (+) elle a trouvé une ______________ (beau) maison. Les enfants ______________ (aller) prendre de ___________ (beau) photos de la _____________ (vieux) ville ______ (+) ils veulent envoyer à leurs amis. Ils ________ déjà ______________ (demander, p.c.) _____ leurs copains _____ _____ les aider. Ensemble, ils ___________________ (réussir / présent) aussi ____ tourner un film sur leur ______________ (nouveau) vie ______ (+) _________ (plaire / présent) beaucoup à la prof. Tout le monde _____________ (applaudir / présent).

2. Réponds et remplace par un pronom indirect !

Est-ce que tu as déjà écrit à ton copain ? Oui, ____________________________________

Est-ce que l'araignée a fait peur aux filles ? Non, _______________________________

____

3. Pose une question !

____

Cécile a fait un exposé sur les araignées.

4. Complétez par la forme correcte du verbe par un adjectif indefini (+)

Ma sœur s'appelle Martine. Elle __________________________ (nie nachdenken) . Elle oublie toujours ____________ (+) ses livres á la maison – ____________ (außer) le livre d'allemand parce qu'elle adore le prof, comme ____________ (+) ses copines.

Son _______________ (alt) prof a toujours dit à ses élèves : « _______________ (schreibt) les mots ! On ne peut pas _____________________ (Erfolg haben) en allemand si on ne travaille pas __________________ (+) la journée. » «Et il _______________ (ihnen) a toujours donné beaucoup de devoirs ___________________ (+ jeden Tag). Les notes – une catastrophe ! Moi, je _____________________ (nicht wählen, p.c.) l'allemand. Maman ___________________ ____________________ (ist gerade nach Hause gekommen) et elle entre dans ma chambre. « Qu'est-ce que tu ___________________________ (machst du gerade) ? Je dois faire beaucoup de choses. Tu dois _____________ (mir helfen) ! » « Non, Maman ! Pas moi ! »

III. Expliquez en français !

Un pion ____

____

Une permanence ____

____

La géographie ____

____

La récréation ____

____

IV. Traduisez en français !

1. Er geht mir auf die Nerven. [= weiterhin...]

____

2. Ich kann das Rezept nicht finden. Ich habe jetzt die Nase voll !

____

3. Alle Franzosen wählen einen neuen Präsidenten.

____

4. Kannst du den Computer programmieren ?

____

Bonne chance !

Lösung: 2. Schulaufgabe aus dem Französischen

I. Dictée *(Diktat 2x vorlesen lassen)*

Aujourd'hui, Valentin est rentré de l'hôpital. Il a toujours la jambe dans le plâtre et il doit prendre des béquilles (Krücken). *Il peut quitter son lit et sa famille fait une fête.*

Sa mère veut acheter deux kilos de fraises pour une tarte, une tablette de chocolat et des pommes de terre pour le repas.

Tout à coup, une voiture est arrivée. Un homme est descendu avec un grand chien. Mme Chapuis est restée là où elle est, parce qu'elle n'aime pas les chiens. Elle pense qu'ils sont dangereux.

A côté du supermarché il y a une petite épicerie. « Je préfère faire mes courses à l'épicerie. »

Elle entre, mais surprise la marchande n'est pas là ! ____/20

Tipps und Hinweise
Liaison: Wörter beim Vorlesen verbinden !
Aujourd'_hui, veut_acheter, tout_à_coup, est_arrivée
Endungen, die man nicht hört, nicht vergessen !
In diesem Diktat gibt es viele Verben, bei denen es auf die richtige Endung ankommt.
Passé composé mit avoir gebildet (unverändert), bei Verben, die eine Richtung weisen, mit être (an das Subjekt angeglichen)!
Il est rentré / elle est arrivée / il est descendu / elle est restée
Nach *pouvoir, vouloir, devoir, préférer* steht das nachfolgende Verb im Infinitiv.

II. Grammaire

1. Complète par la forme correcte du verbe, de l'adjectif, du pronom relatif (+) et par une préposition si nécessaire !

Avant le déménagement, les Carbonne *ont vécu* (vivre) à Paris. Maintenant (tout) *toute* la famille *vit* (vivre) à Toulouse *où* elle a trouvé une *belle* (beau) maison. Les enfants *vont* (aller) prendre de *belles* (beau) photos de la *vieille* (vieux) ville *qu'*ils veulent envoyer à leurs amis.

Ils *ont* déjà *demandé* (demander, p.c.) *à* leurs copains *de les* aider. Ensemble, ils *réussissent* (réussir / présent) aussi *à* tourner un film sur leur *nouvelle* (nouveau) vie *qui plaît* (plaire / présent) beaucoup à la prof. Tout le monde *applaudit* (applaudir / présent).

____/18

2. Réponds et remplace par un pronom indirect !

Est-ce que tu as déjà écrit <u>à ton copain</u> ? Oui, *je lui ai déjà écrit.* (2)

Est-ce que l'araignée a fait peur <u>aux filles</u> ? Non, *elle ne leur a pas fait peur.* (3)

3. Pose une question !

Sur quoi est-ce que Cécile fait un exposé ? (3)

Cécile a fait un exposé sur les araignées.

____/8

Tipps und Hinweise
Das Relativpronomen wird mit einer Präposition eingeleitet *(sur)*. Da es sich um eine Sache handelt, wird *quoi* verwendet.

4. Complétez par la forme correcte du verbe par un adjectif indefini (+) !

Ma sœur s'appelle Martine. Elle *ne réfléchit jamais* (nie nachdenken). Elle oublie toujours *tous* (alle) ses livres à la maison – *sauf* (außer) le livre d'allemand parce qu'elle adore le prof, comme *toutes* (alle) ses copines. Son *vieux* (alt) prof a toujours dit à ses élèves : « *Ecrivez* (schreibt) les mots ! On ne peut pas *réussir* (Erfolg haben) en allemand si on ne travaille pas *toute* (den ganzen) la journée. » Et il *leur* (ihnen) a toujours donné beaucoup de devoirs *tous les jours* (+ jeden Tag). « Les notes – une catastrophe ! Moi, je n'ai pas *choisi* (wählen) l'allemand. Maman *vient de rentrer* (ist gerade nach Hause gekommen) à la maison et elle entre dans ma chambre. Qu'est-ce que tu *es en train de faire* (machst du gerade) ? Je dois faire beaucoup de choses. Tu dois *m'aider* (mir helfen) ! » « Non, Maman ! Pas moi ! »

____/16

Tipps und Hinweise
Vorsicht Mischaufgabe! Konzentration ist gefragt!
Endungen bei Verben beachten, z. B. *réflechir, réussir, choisir, venir, partir*

III. Expliquez en français !

Un pion	*C'est une personne qui fait attention aux élèves pendant la récréation.*
Une permanence	*Quand un prof est malade, les élèves vont en permanence.*
La géographie	*En cours de géographie les élèves apprennent qc sur la terre.*
La récréation	*Pendant la récré(ation) les élèves n'ont pas cours, ils vont dans la cour.*

____/12

Tipps und Hinweise
Aufpassen wenn das Wörtchen „gerade" erscheint ! Wird es für etwas in der **Vergangenheit** verwendet, dann nimmt man *venir de*, für etwas, was im **Präsens** geschieht, nimmt man *être en train de*.

IV. Traduisez en français !

1. Er geht mir auf die Nerven. [= weiterhin...]

Il continue à m'énerver.

2. Ich kann das Rezept nicht finden. Ich habe jetzt die Nase voll !

Je ne peux pas trouver la recette. J'en ai marre maintenant !

3. Alle Franzosen wählen einen neuen Präsidenten.

Tous les Français choisissent un nouveau président.

4. Kannst du den Computer programmieren ?

Est-ce que tu sais programmer l'ordinateur ?

____/10

Maximum de points ____/80

Tipps und Hinweise
à oder *de* das ist die Frage? *continuer* verlangt die Präposition *à* !
Bei Verben, die mit *-ir* enden, müssen die Alarmglocken läuten ! Man sollte sich fragen, ob sie zur 3. Gruppe oder wie hier *choisir* zur 2. Gruppe gehören. Das Besondere an dieser 2. Gruppe sind die *ss* in allen Pluralformen.
Nach *savoir* und *pouvoir* steht das nachfolgende Verb im Infinitiv **ohne** Präposition.

3. Schulaufgabe aus dem Französischen

Nom: ______________________________

Stoff : Leçons 3–5

I. Vocabulaire

Complétez le texte ! Souvent il faut mettre deux ou trois mots!
(°) Ici il faut mettre une préposition. (+) Ici il faut mettre un mot pour *jeder / alle*

Valentin n'aime plus Toulouse. ______________________ (Er hat die Nase voll davon) ! Pour Emma, tout va bien parce qu'elle ________________ (fertig bringen, p.c.) trouver beaucoup d'amis à l'école. Mais pour Valentin, le collège ________________ (beginnen) l'énerver. ________________ (Im Unterricht) les profs lui demandent toujours _______ (°) répondre _____ (°) ______________(+) leurs questions. Mais ils ________________ (erklären + nicht) ________________ (+) les exercices. Les autres élèves dans la classe le trouvent très drôle, bien sûr. Pendant ____________________ (Pause), il ne trouve jamais ________________ (jemanden) pour jouer au foot. ________________ (alle) veut seulement jouer au tennis. Valentin ne sait pas comment on joue au tennis mais ils ne ________________ (wollen) pas lui montrer comment jouer au tennis. Hier, en ________________ (Aufenthaltsraum), il a rencontré François, ________________ (der Aufpasser) qui a aidé une élève _____ (°) préparer________________ (Referat) sur Napoléon. « Ce n'est pas __________________ (eine Figur) dans un roman, c'est une vraie personne, tu sais. Il faut trouver ________________ (Material), peut-être sur Internet, des photos par exemple. Quand tu ________________ (vorstellen) cet homme _______ (°) ta classe, ils ________________ (können) voir son visage. Comme ça, c'est plus ________________ (interessant) et après ils ____________________ (klatschen), j'en suis sûr. » « D'accord. » Mais Valentin, il ne sait ________________ (immer noch nicht) comment il peut trouver ________________ (eine Spinne). C'est ________________ (eine Dummheit) mais il veut la mettre dans le sac du prof en ________________ (Naturkunde). Ce prof l'énerve beaucoup. « C'est ________________ (eine Wissenschaft) et ________________ (+) la classe, ________________ (+) les élèves ________________ (nachdenken) – ________________ (außer) Valentin. C'est une catastrophe ! » Mais ce n'est pas vrai. Le

prof ____________________ (wählen, p.c.) Valentin pour être cool devant la classe. Mais il va voir que c'est ____________________ (gefährlich) de faire ça. Valentin va ____________________ (sicherlich) trouver quelque chose pour lui faire peur. Peut-être qu'il ____________________ (verabscheuen) souris. Et à la maison, c'est Emma qui l'énerve. Dimanche, elle a fait un gâteau avec ____________________ (Schokolade) et elle a invité ____________________ (+) ses copines _________(°) le manger avec ________________________________ (Schlagsahne) – mais pour Valentin : un sandwich avec ____________________ (Butter).

II. Grammaire : les pronoms directs et les pronoms indirects

Répondez aux questions et remplacez la partie soulignée par un pronom !

1.Vous connaissez <u>Zinedine Zidane</u> ?

– Oui, je ____

2.Tu peux montrer la ville <u>à Nathalie</u> ?

– Oui, je ____

3.Tu as trouvé <u>ton chien</u> ?

– Non, je ____

4.Vous allez téléphoner <u>aux Carbonne</u> ?

– Non, je ____

III. Production de texte

Schreibe einen **Brief** an das Hotel « Belle Ville » in der Rue des fleurs Nummer 16 in Paris. Folgende Ideen müssen in dem Brief enthalten sein :

Du möchtest mit deinen Eltern ein Wochenende in Paris verbringen. Denke dir aus, welchen Anlass. Frage, wie viel ein Zimmer mit drei Betten kostet und ob für das Wochenende von Fr 4.5. – So 6.5. noch etwas frei ist. Du willst außerdem wissen, ob das Hotel Karten fürs Theater oder fürs Kino besorgen kann. Frage, ob in der Nähe eine U-Bahnstation ist. Erzähle, was du unbedingt in Paris anschauen willst (2 Dinge).

Bonne chance !

Lösung Schulaufgabe 3.1

Lösung: 3. Schulaufgabe aus dem Französischen

I. Vocabulaire

Complétez le texte. Souvent il faut mettre deux ou trois mots !
(°) Ici il faut mettre une préposition. (+) Ici il faut mettre un mot pour ***jeder / alle***

Valentin n'aime plus Toulouse. *Il en a marre* (Er hat die Nase voll davon) ! Pour Emma, tout va bien parce qu'elle *a réussi à* (fertig bringen, p.c.) trouver beaucoup d'amis à l'école. Mais pour Valentin, le collège *commence à* (beginnen) l'énerver. *En cours* (im Unterricht) les profs lui demandent toujours *de* (°) répondre *à* (°) *toutes* (+) leurs questions. Mais ils *n'expliquent pas* (erklären + nicht) *tous* (+) les exercices. Les autres élèves dans la classe le trouvent très drôle, bien sûr. Pendant *la récréation* (Pause), il ne trouve jamais *quelqu'un* (jemanden) pour jouer au foot. *Tout le monde* (alle) veut seulement jouer au tennis. Valentin ne sait pas comment on joue au tennis mais ils ne *veulent* (wollen) pas lui expliquer. Hier, en *salle de permanence* (Aufenthaltsraum), il a rencontré François, *le pion* (der Aufpasser) qui a aidé une élève *à* (°) préparer *un exposé* (Referat) sur Napoléon. « Ce n'est pas *un personnage* (eine Figur) d'un roman, c'est une vraie personne, tu sais. Il faut trouver *du matériel* (Material), peut-être sur Internet, des photos par exemple. Quand tu *présentes* (vorstellen) cet homme *à* (°) ta classe, ils *peuvent* (können) voir son visage. Comme ça, c'est plus *intéressant* (interessant) et après ils *applaudissent* (klatschen), j'en suis sûr. » « D'accord. » Mais Valentin, il *ne sait toujours pas* (immer noch nicht) comment il peut trouver *une araignée* (eine Spinne). C'est *une bêtise* (eine Dummheit) mais il veut la mettre dans le sac du prof en *SVT* (Naturkunde). Ce prof l'énerve beaucoup. « C'est *une science* (eine Wissenschaft) et *toute* (+) la classe, *tous les* (+) élèves *réfléchissent* (nachdenken) – *sauf* (außer) Valentin. C'est une catastrophe ! » Mais ce n'est pas vrai. Le prof *a choisi* (wählen, p.c.) Valentin pour être cool devant la classe. Mais il va voir que c'est *dangereux* (gefährlich) de faire ça. Valentin va *sûrement* (sicherlich) trouver quelque chose pour lui faire peur. Peut-être qu'il *a horreur des* (verabscheuen) souris. Et à la maison, c'est Emma qui l'énerve. Dimanche, elle *a fait* (+) un gâteau avec *du chocolat* (Schokolade) et elle a invité *toutes* (+) ses copines *à* (°) le manger avec *de la crème chantilly* (Schlagsahne) – mais pour Valentin : un sandwich avec *du beurre* (Butter).

____/45

Tipps und Hinweise
Vorsicht Mischaufgabe! Konzentration ist gefragt!
Die **bestimmte Mengenangabe** wird mit *de, du, de l', de la, des* eingeleitet *(du chocolat, de la crème chantilly)*. Aufpassen, da im Deutschen dafür keine Präpositionen benötigt werden !
Hier wimmelt es von Verben, bei denen der darauffolgende Infinitiv mit *à (réussir à, commencer à, aider à, inviter à)* oder mit *de (demander de)* angeschlossen wird. Da hilft nur eins, eine übersichtliche Tabelle erstellen und auswendig lernen !
Tout ist ein unbestimmtes Pronomen. Es muss dem Nomen angepasst werden und wird im Sinn von „ganz", „alle" verwendet.

II. Grammaire : les pronoms directs et les pronoms indirects

Répondez aux questions et remplacez la partie soulignée par un pronom !

1. Vous connaissez Zinedine Zidane ? – Oui, je *le connais.*

2. Tu peux montrer la ville à Nathalie ? – Oui, je *peux lui montrer la ville.*

3. Tu as trouvé ton chien ? – Non, je *ne l'ai pas trouvé.*

4. Vous allez téléphoner aux Carbonne ? – Non, *nous n'allons pas leur téléphoner.* ____/7

Tipps und Hinweise

Die erste Schwierigkeit in dieser Übung besteht darin, die **direkten Objekte** (Was oder Wen? = *Qu'est-ce que ?* oder *Qui est-ce que ?*) von den **indirekten Objekten** (Wem ? = *À qui ?* oder *À quoi ?*) zu unterscheiden.
Die Direktobjekte werden mit den **direkten Pronomen** ***le, l', la, les*** ersetzt.
Da es in Französisch keine Deklinationen gibt, wird der Dativ mit der Präposition ***à, à l', au, à la, aux*** eingeleitet. Das **indirekte Pronomen** heißt ***lui*** (3. Pers. Sg.) und ***leur*** (3. Pers. Pl.).
Die zweite Schwierigkeit liegt in der richtigen Stellung der Pronomen.
a) Im **Präsens** oder im ***Passé composé*** kommt das Pronomen vor dem **konjugierten Verb**.
b) Die Verneinung klammert immer das konjugierte Verb, an dem das Pronomen „klebt".
Je ne l'ai pas trouvé.
c) Im Zusammenhang mit dem ***Futur composé*** oder der **Hilfsverben** *pouvoir, vouloir ...* kommt das Pronomen vor dem Infinitiv ! Wird der Satz verneint, wird allein das konjugiert Verb umklammert. *Nous n'allons pas leur téléphoner.*

III. Production de texte

À l'hôtel « Belle Ville » Rue des fleurs 16

Objet : une chambre avec trois lits à votre hôtel

Mesdames, Messieurs,

mes parents et moi, nous voulons réserver une chambre pour une semaine du vendredi quatre mai au dimanche six mai. Combien coûte une chambre à trois lits ?

Une petite question : Est-ce que vous pouvez acheter des tickets pour le théâtre ou le cinéma ?

Est-ce qu'il y a une station de métro à côté de l'hôtel ? Nous voulons voir la tour Eiffel, le Forum des Halles, l'Arc de la Défense et le Louvre.

Salutations cordiales, Isabelle ____/20

Maximum de points ____/72

Tipps und Hinweise

Habt ihr bemerkt, dass bei den berühmten Pariser Sehenswürdigkeiten die Nomen groß geschrieben werden: *le Louvre, le Forum des Halles, l'Arc de la Défense*. Aber beim Eiffelturm gibt es wieder die berühmte Ausnahme. Dort wird *tour* klein, aber *Eiffel* groß geschrieben!
„von ... bis": Da die Wochentage männlich sind, heisst es: *du* vendredi *au* dimanche.

3. Schulaufgabe aus dem Französischen

Nom: ______________________________

Stoff: Leçons 4–6

I. Dictée *(Diktat aus Lösung 2x vorlesen lassen)*

II. Grammaire

1. Lis et complète le texte suivant par un article, une préposition ou le pronom *en* si nécessaire *(wenn die Lücke leer bleiben soll, entwerte sie durch einen Strich)*

Camille et Robert vont passer le week-end chez leurs grands-parents. Leur Mamie veut savoir ce que (dt. was) Camille et Robert aiment manger. Alors, elle téléphone à sa fille, Isabelle.

Mamie: Alors, Isabelle, qu'est-ce que les enfants aiment manger?

Mme Chapuis: Eh bien, au petit-déjeuner, Robert prend _________ café avec _________ lait mais sans _________ sucre. Camille, prend une tasse _________chocolat chaud. Ils adorent _________ croissants, mais ils mangent aussi _________ pain avec _________ beurre et _________ confiture.

Mamie: Est-ce qu'ils mangent aussi ________ baguette?

Mme Chapuis: Oui, ils _________ mangent à tous les repas. A midi, ils prennent souvent _________ salade. Robert mange un peu ________ pommes de terre. Camille, elle déteste _________ pommes de terre. Elle ne _______ mange jamais! Mais, tous les deux mangent ________ nouilles et ils aiment aussi _______ pizzas.

Mamie: Bon, ce n'est pas trop compliqué. Et qu'est-ce qu'il prennent comme boisson? _______ jus de pommes?

Mme Chapuis: Non, ils boivent beaucoup _________ eau minérale. Robert _________ boit même trois litres par jour!

Mamie: Oh là, là. Alors, papi doit prendre la voiture et aller au supermarché.

2. Transforme le discours direct en discours indirect

C'est la fête de la musique à Toulouse. Emma a reçu un e-mail de Camille.

Voilà l'e-mail de Camille:

Salut Emma,

1. Je vais à la fête de la musique avec mon frère.
2. Tu as envie de nous accompagner?
3. Nous pouvons t'attendre sur la place du Capitole.
4. Est-ce que tes parents veulent aussi venir?
5. Nos parents ont proposé d'aller au restaurant après.
6. Quel restaurant est-ce que tes parents préfèrent?

Maintenant, Emma raconte à Mme Carbonne ce que (dt. was) Camille a écrit.

Emma:

Maman, j'ai reçu un e-mail de Camille.

Elle écrit (1.) ______________________________

Camille me demande (2.)______________________________

Puis, elle écrit (3.)______________________________

Elle demande (4.)______________________________

Elle ajoute (5.)______________________________

____

Enfin, elle demande (6.)______________________________

II. Thème

Traduis les phrases suivantes en français !

1. Es ist Frau Chapuis Geburtstag. Ihre Kinder wollen ihr eine Überraschung bereiten (= machen).

____

2. Sie sind gerade dabei, ein kleines Fest im Garten vorzubereiten.

____

____

3. Robert hat zuviel Salz in den Kuchen getan. Nun müssen sie einen Kuchen in der Bäckerei kaufen.

____

____

4. Camille und ihr Vater haben gerade Einkäufe gemacht. Sie haben nichts vergessen.

5. Das Essen wird köstlich sein und die ganze Familie wird es mögen!

IV. Production de texte

Madame Carbonne schreibt einen **Brief** an ihre Freundin Sophie in Paris.

Der Brief enthält folgende Elemente :

Datum, Anrede

Frage nach dem Befinden der Freundin und deren Familie. Die Carbonnnes haben vor drei Wochen ein kleines Haus im Vorortbereich von Toulouse gekauft. Drei kleine Zimmer für die Kinder.

Mme Carbonne hat soeben eine Stelle als Busfahrerin bei der SEMVAT gefunden.

Valentin nicht glücklich, weil die anderen Schüler seinen Pariser Akzent nachahmen.

Sie glaubt, dass Emma in den Bruder einer Freundin verliebt ist.

Emma geht am Wochenende zu viel aus. Ihre Noten sind nicht gut. Emmas neue Freunde sind sehr wichtig für sie. Emma findet, dass ihre Eltern zu alt sind, um sie zu verstehen.

Frau Carbonne sagt ihrer Tochter immer, dass Schule sehr wichtig für ihre Zukunft ist.

Am Wochenende wollen die Carbonnes mit ihren Kindern Geschäfte abklappern.

Das ist alles für heute.

Schlussformel, Name

Bonne chance !

Lösung: 3. Schulaufgabe aus dem Französischen

I. Dictée *(Diktat 2x vorlesen lassen)*

Pour l'anniversaire de Mme Carbonne, elle veut un bon déjeuner que ses enfants vont préparer. «D'accord, Maman. Tu aimes les pâtes ou est-ce que tu préfères un gratin? Je préfère un gratin. Et Mamie ? On l'invite ? » «Bien sûr ! Et comme dessert ? » « On peut faire des choux à la crème, ça te dit ? »

«Non, ce n'est pas une bonne idée. Moi, j'ai déjà parlé à Mamie pour sa recette. C'est toujours la même chose avec toi, Valentin ! » «Pardon. » « On a des œufs, du sucre ? Super ! Et après le repas, nous rangeons la cuisine. » ____/20

Tipps und Hinweise
Vergiss nicht das *e* bei *nous rangeons* !
Da es sich um die Kinder von Madame Carbonne handelt, wird *ses* benutzt und nicht das Demonstrativpronomen *ces*.

II. Grammaire

1. Lis et complète le texte suivant par un article, une préposition ou le pronom *en* si nécessaire *(wenn die Lücke leer bleiben soll, entwerte sie durch einen Strich)*

Camille et Robert vont passer le week-end chez leurs grands-parents. Leur Mamie veut savoir ce que (dt. was) Camille et Robert aiment manger. Alors, elle téléphone à sa fille.

Mamie: Alors, Isabelle, qu'est-ce que les enfants aiment manger ?

Mme Chapuis: Eh bien, au petit-déjeuner, Robert prend *du* café avec *du* lait mais sans --- sucre. Camille, prend une tasse *de* chocolat chaud. Ils adorent *les* croissants, mais ils mangent aussi *du* pain avec *du* beurre et *de la* confiture.

Mamie: Est-ce qu'ils mangent aussi *de la* baguette ?

Mme Chapuis: Oui, ils *en* mangent à tous les repas. A midi, ils prennent souvent *de la* salade. Robert mange un peu *de* pommes de terre. Camille, elle déteste *les* pommes de terre. Elle n'*en* mange jamais ! Mais, tous les deux mangent *des* nouilles et ils aiment aussi *les* pizzas.

Mamie: Bon, ce n'est pas trop compliqué. Et qu'est-ce qu'il prennent comme boisson? *Du* jus de pommes?

Mme Chapuis: Non, ils boivent beaucoup *d'*eau minérale. Robert *en* boit même trois litres par jour!

Mamie: Oh là, là. Alors, papi doit prendre la voiture et aller au supermarché. ____/11

Tipps und Hinweise
Hier geht es um die **unbestimmte Mengenangabe**, die in Französisch mit *de, de l', de la, du, des* eingeleitet wird. Vorsicht, da im Deutschen dafür keine Präposition benötigt wird.
Bei bestimmten Mengenangaben *(une tasse de, un peu de, beaucoup de)* wird die Präposition *de, d'* verwendet.Die Verben *aimer, adorer, détester* verlangen **bestimmte Artikel** ! Das Pronomen ***en*** wird verwendet, um eine bestimmte oder eine unbestimmte Mengenangabe zu ersetzen.

2. Transforme le discours direct en discours indirect !

C'est la fête de la musique à Toulouse. Emma a reçu un e-mail de Camille.

Voilà l'e-mail de Camille:

Salut Emma,

1. Je vais à la fête de la musique avec mon frère.
2. Tu as envie de nous accompagner?
3. Nous pouvons t'attendre sur la place du Capitole.
4. Est-ce que tes parents veulent venir aussi?
5. Nos parents ont proposé d'aller au restaurant après.
6. Quel restaurant est-ce que tes parents préfèrent?

Maintenant, Emma raconte à Mme Carbonne ce que (dt. was) Camille a écrit.

Emma : Maman, j'ai reçu un e-mail de Camille.

Elle écrit (1.) ***qu'elle*** *va à la fête de la musique avec son frère.*

Cécile me demande (2.) ***si*** *j'ai envie de les accompagner.*

Puis, elle écrit (3.) ***qu'****ils peuvent m'attendre sur la place du Capitole.*

Elle demande (4.) ***si*** *Papa et toi (vous) veulent aussi venir.*

Elle ajoute (5.) ***que*** *leurs parents ont proposé d'aller au restaurant après.*

Enfin, elle demande (6.) ***quel*** *restaurant vous préferez.*

____/13

Tipps und Hinweise

Indirekte Rede wird mit der Konjunktion ***que*** oder ***si*** bei Fragen abgeleitet :
Direktpronomen, Verben und Possessivpronomen werden angeglichen.
Maman : *Je viens.* Camille : *Elle écrit **qu'elle** vient.*
Maman : *Je prends mon vélo.* Camille : *Elle écrit **qu'elle** prend son vélo.*

III. Thème

Traduis les phrases suivantes en français !

1. Es ist Frau Chapuis Geburtstag. Ihre Kinder wollen ihr eine Überraschung bereiten (= machen).
C'est l'anniversaire de Madame Chapuis. Ses enfants veulent lui faire une surprise.
2. Sie sind gerade dabei, ein kleines Fest im Garten vorzubereiten.
Ils sont en train de préparer une petite fête dans le jardin.
3. Robert hat zuviel Salz in den Kuchen getan. Nun müssen sie einen Kuchen in der Bäckerei kaufen.
Robert a mis trop de sel dans le gâteau. Maintenant il faut acheter un gâteau à la boulangerie.
4. Camille und ihr Vater haben gerade Einkäufe gemacht. Sie haben nichts vergessen.
Camille et son père viennent de faire les courses. Ils n'ont rien oublié.
5. Das Essen wird köstlich sein und die ganze Familie wird es mögen!
Le repas va être délicieux et toute la famille va l'aimer. ____/20

Tipps und Hinweise
Hier wird eine bunte Palette von allen eben gelernten Grammatikpunkten (Mengenangaben, Direkt- und Indirektpronomen, Verben und ihre Präpositionen) angeboten. Höchste Konzentration ist gefragt !

IV. Production de texte

Toulouse, le 12 décembre

Chère Sophie,
Ça va bien ? Et ta famille aussi ?
Il y a trois semaines, nous avons acheté une petite maison dans la banlieue de Toulouse.
Dans notre maison, il y a trois petites chambres pour les enfants. Je viens de trouver un travail comme conductrice de bus à la SEMVAT.
Malheureusement, Valentin n'est pas content, parce que les autres élèves imitent son accent.
Je pense qu'Emma est amoureuse du frère d'une copine.
Emma sort trop le week-end. Ses notes ne sont pas bonnes. Ses nouveaux amis sont très importants pour elle. Emma trouve que nous sommes trop vieux pour la comprendre. Je lui dis toujours que l'école est très importante pour son avenir.
Le week-end, nous voulons faire les magasins avec nos enfants.
Voilà pour aujourd'hui. J'attends ta réponse.
Cordialement, Marie

____/30
Maximum de points ____/94

4. Schulaufgabe aus dem Französischen

Nom: ______________________________

Stoff: Leçons 5–7

I.1 Grammaire : Les chiffres ordinaux

mein erster Computer

____

die siebte Lehrerin

____

das fünfte Kind

____

der neunundneunzigste Geburtstag

____

____

____

____/6

I.2 Grammaire : L'impératif et les pronoms compléments !

Vous pouvez me donner un peu de sucre?

____

Tu dois me croire.

____

Tu ne dois pas prendre mon stylo!

____

____/6

I.3 Grammaire : les questions

Commencez toutes les questions avec un pronom interrogatif *(Fragewort)* !

____

Valentin veut inviter ses copains.

____

Il fête son anniversaire.

____

La musique rock lui plaît beaucoup.

____

Sa mère vient de la Martinique.

____

Ses grands-parents habitent en Espagne.

____

II. Vocabulaire et Grammaire: une fête chez les Carbonne

Traduisez les mots allemands entre parenthèses en français ! Complétez avec un article partitif, un pronom direct / indirect ou par les conjonctions (+) *que* ou *si* !

Emma et Manon sont heureuses: leurs parents sont à Paris avec Valentin tout le week-end et ________________ (währendessen) elles sont ________________ (allein) à la maison et elles ________________ (wollen) faire une ________ fête avec leurs copains. « Quelle ________________ (Abenteuer) ! Alors, on fait ________ pizza? Tu penses ________ (+) ils aiment ________ pizza? On peut faire beaucoup ________ salade. » « D'accord, mais les garçons n'aiment pas trop ________________ (Tomaten) ils ________________ (vorziehen) les concombres (Gurken). On peut ________________ (hinzufügen) aussi ________________ (Eier). ________________ (Meiner Meinung nach), c'est super comme ça. Et on peut ________________ (probieren) toutes les pizzas. Alors, qu'est-ce qu'il y a dans le frigo? Est-ce qu'il ________________ (fehlen) quelque chose? » « Non, je ne ________________ (glauben) pas. Ah, si, de la sauce tomate, on ______ a assez? ________________ (Wie viel) argent est-ce que tu as? Tu connais ________________ (Preis) des tomates? » « Non, et je suis trop ________________ (müde) maintenant pour aller au supermarché. On va ______ acheter demain. » « Tu as demandé à Maman ______ nous ________________ (können) prendre l'argent qu'elle a dans la boîte à café ? On ne peut pas vivre ________________ (bis) lundi sans argent. Voilà ________________ (ein Glas Cola) pour toi! » « Merci, Emma. » « ________________ (gern geschehen). Et un verre pour moi. Alors, ________________ (Prost)! »

III. Dialogue

Ein französischer Austauschschüler fragt dich höflich auf Französisch,

wie er von der Schule ... zum S-Bahnhof … kommt.

Du erklärst, dass er die Schule verlassen und dann rechts gehen muss.

Dann muss er über die … Straße gehen und geradeaus weiter gehen.

Dann muss er links in die … Straße gehen.

Die muss er nehmen, dann kommt er zum Bahnhof.

Er fragt dich noch, wann der (nächste) Zug nach … geht.

Du sagst ihm, dass der (nächste) Zug um 13:17 fährt.

Er bedankt sich und geht.

Du verabschiedest dich.

IV. Traduisez en français !

1. Wir können ihr einen Kuchen backen. Einverstanden ?

2. Ja, aber wir müssen zuerst einkaufen. Haben wir noch Milch ?

3. Wir haben keine Milch mehr.

4. Möchtest du Sahne ?

5. In der Suppe ist zuviel Salz.

6. Ein Sandwich, das ist Brot mit Butter und zum Beispiel Käse.

7. Magst du Eier ? – Nein, ich hasse sie !

Bonne chance !

Lösung: 4. Schulaufgabe aus dem Französischen

I.1 Grammaire

mein erster Computer

mon premier ordinateur

die siebte Lehrerin

la septième prof

das fünfte Kind

le cinquième enfant

der neunundneunzigste Geburtstag

le quatre-vingt-dix-neuvième anniversaire

____/6

I.2 Grammaire : L'impératif et les pronoms compléments !

Vous pouvez me donner un peu de sucre ?

Donnez-moi un peu de sucre !

Tu dois me croire.

Crois-moi !

Tu ne dois pas prendre le stylo.

Ne le prends pas ! ____/6

Tipps und Hinweise
Beim negativen Imperativ steht das Pronomen vor dem konjugierten Verb.

I.3 Grammaire : les questions

Commencez toutes les questions avec un pronom interrogatif *(Fragewort)* !

1. *Qui est-ce qu'il veut inviter ?*

Valentin veut inviter ses copains.

2. *Qu'est-ce qu'il fête ?*

Il fête son anniversaire.

3. *Qu'est-ce qui lui plaît beaucoup ?*

La musique rock lui plaît beaucoup.

4. *D'où vient sa mère ? (D'où est-ce que sa mère vient?)*

Sa mère vient de la Martinique.

5. *Qui est-ce qui habite en Espagne ?*

Ses grands-parents habitent en Espagne. ____/10

II. Vocabulaire et Grammaire: une fête chez les Carbonne

Traduisez les mots allemands entre parenthèses en français ! Complétez avec un article partitif, un pronom direct / indirect ou par les conjonctions (+) *que* ou *si* !

Emma et Manon sont heureuses: leurs parents sont à Paris avec Valentin tout le week-end, et *pendant ce temps* (währendessen) elles sont *seules* (allein) à la maison et elles *veulent* (wollen) faire une fête avec leurs copains. « Quelle *aventure* (Abenteuer) ! Alors, on fait *de la* pizza? Tu penses *qu'*(+) ils aiment *la* pizza? On peut faire beaucoup *de* salade. » « D'accord, mais les garçons n'aiment pas trop *les tomates* (Tomaten) ils *préfèrent* (vorziehen) les concombres (Gurken). On peut *ajouter* (hinzufügen) aussi *des œufs* (Eier).
À mon avis (meiner Meinung nach), c'est super comme ça. Et on peut *goûter* (probieren) toutes les pizzas. Alors, qu'est-ce qu'il y a dans le frigo? Est-ce qu'il *manque* (fehlen) quelque chose? » «Non, je ne *crois* (glauben) pas. Ah, si, de la sauce tomate, on *en* a assez? *Combien d'* (wie viel) argent est-ce que tu as? Tu connais *le prix* (Preis) des tomates? » « Non, et je suis trop *fatiguée* (müde) maintenant pour aller au supermarché. On va *en* acheter demain. » «Tu as demandé à maman *si* nous *pouvons* (können) prendre l'argent qu'elle a dans la boîte à café? On ne peut pas vivre *jusqu' à* (bis) lundi sans argent. Voilà *un verre de coca* (ein Glas cola) pour toi ! » «Merci, Emma. » « *De rien* (gern geschehen). Et un verre pour moi. Alors, *à la santé, à notre santé* (Prost) ! »

____/27

Tipps und Hinweise
Vorsicht Mischaufgabe ! Konzentration ist gefragt !
Im Deutschen wird das Verb „fehlen" angepasst, im Französischen bleibt es immer in der 3. Person Singular.

III. Dialogue

Ein französischer Austauschschüler fragt dich höflich auf Französisch, wie er von der Schule ... zum S-Bahnhof ... kommt.	*Pardon, Monsieur / Madame / Mademoiselle pour aller de l'école à la gare ?* *(Comment est- ce que je vais de l'école à la gare ..., s'il vous plaît?)*
Du erklärst, dass er die Schule verlassen und dann rechts gehen muss.	*D'abord vous quittez l'école et puis vous tournez à droite.*

Dann muss er über die … Straße gehen und geradeaus weiter gehen.	*Ensuite traversez la rue … et allez tout droit !*
Dann muss er links in die … Straße gehen.	*Tournez à gauche dans la rue… !*
Die muss er nehmen, dann kommt er zum Bahnhof.	*Prenez cette rue ! Vous arrivez à la gare.*
Er fragt dich noch, wann der (nächste) Zug nach … geht.	*À quelle heure est-ce que le (prochain) train pour… part?*
Du sagst ihm, dass der (nächste) Zug um 13:17 fährt.	*Il part à treize heures dix-sept.*
Er bedankt sich und geht.	*Merci beaucoup.*
Du verabschiedest dich.	*De rien.*

____/17

IV. Traduisez en français !

Nous pouvons lui faire un gâteau. D'accord ?

Oui, mais on doit encore faire les courses. On a encore du lait ?

On n'a plus de lait.

Tu veux de la crème chantilly ?

Dans la soupe il y a trop de sel.

Un sandwich, c'est du pain avec du beurre et par exemple du fromage.

Tu aimes les œufs ? – Non, je les déteste !

____/20

Maximum de points ____/86

Vorbereitung auf die mündliche Schulaufgabe aus dem Französischen

Die mündliche Prüfung umfasst drei Teile:

1. Bildbeschreibung

Jedem einzelnen Prüfling wird ein Bild / mehrere Bilder zu den Lektionstexten präsentiert, zu dem /denen er sich frei und zusammenhängend zwei Minuten lang äußern soll. Die Schüler müssen inhaltlich auf den Lektionstext Bezug nehmen.

2. Rollenspiel / gelenkte Diskussion

Die Schüler bekommen Rollenkarten auf Deutsch und haben fünf Minuten Zeit, das Rollenspiel vorzubereiten. Anschließend gestalten die Prüflinge nach den Vorgaben ein Gespräch, in dem sie zu einer Lösung und / oder einem abrundenden Ende kommen sollen. Die Redezeit für die Schüler beträgt insgesamt sechs Minuten.

3. Fragen zu Grammatik und Wortschatz

Abschließend werden den Schülern jeweils etwa zwei Minuten Fragen zu Grammatik und Wortschatz (Worterklärungen) gestellt.

Teil I: Aufwärmphase und Monolog (Bildbeschreibung)

Du betrittst das Zimmer zusammen mit deinem Teampartner / deiner Teampartnerin.
Nach einer kurzen Aufwärmphase bekommt jede/r ein Bild, das jede/r ohne Vorbereitung beschreibt.
Zur Bildbeschreibung siehe alle Materialien « *Décrire une image* »

Aufwärmphase

1) Du begrüßt die Prüfer höflich.
2) Dein Prüfer stellt dir ein paar Fragen, auf die du in einem höflichen Ton antwortest. Übe möglichst flüssig zu sprechen – das bedeutet nicht unbedingt „schnell“, sondern dass du nicht abgehackt sprechen sollst. Achte auf die Aussprache !

Checkliste für die Aufwärmphase

Ich kann die Fragen des Prüfers verstehen.

Ich kann sagen, wie ich heiße und wie alt ich bin.

Ich kann mein Geburtsdatum nennen (auch das Jahr).

Ich kann über meine Familie sprechen.

Ich kann sagen, wo ich wohne.

Ich kann sagen, ob ich ein Instrument spiele und welches.

Ich kann sagen, was ich gerne esse / gar nicht gerne esse.

Ich kann sagen, welchen Sport ich betreibe.

Ich kann sagen, was ich gerne tue, nicht gerne tue (über Hobbies / Lieblingsbeschäftigungen sprechen).

Ich kann über meine Schule sprechen.

Ich kann sagen, wie ich zur Schule komme.

Ich kann sagen, was ich gestern / letztes Wochenende gemacht habe.

Ich kann sagen, was ich heute Nachmittag / in den Ferien machen werde.

Teil 2: Dialogue (jeu de rôle avec ton partenaire)

Jeder bekommt eine Rollenkarte (A oder B) und bereitet sich etwa fünf Minuten für sich auf die Rolle vor. (Du machst dir Notizen, überlegst dir Argumente für / wider usw.)

Dann sprecht ihr beide den Dialog.

Darauf kommt es beim Dialog an:

Nicht darauf, dass du deinen Gesprächspartner übertrumpfst, sondern dass du mit ihm / ihr kommunizierst, das heißt, dass ihr Argumente austauscht, dass du ihm/ihr helfen kannst, dass du nachfragen kannst.

Am Ende sollt ihr euch einigen oder einen Kompromiss finden.

Checkliste für den Dialog

Ich kann zum Einstieg eine Frage stellen oder etwas sagen.

Ich kann Vorschläge machen.

Ich kann Vorschlägen meines Partners zustimmen oder sie ablehnen (höflich!)

Bei mehreren Vorschlägen kann ich sagen „wir könnten auch …", „und dann könnten wir…"

Ich kann begründen, warum ich ablehne oder zustimme.

Ich kann das Gespräch abschließen.

Ich setzt kleine Wörter ein, um gut zu erzählen.

Ich kann Interesse zeigen: ich kann bestätigen und bewerten.

Ich kann nachfragen und eingreifen.

Ich kann Rückfragen stellen, wenn ich etwas nicht verstanden habe.

Ich kann Rückmeldung geben.

Ich kann ein paar „Pausenfüller“ für den Fall, dass ich einmal stecken bleibe.

Ich weiß, wie ich ein Wort umschreibe (falls mir ein Wort nicht einfällt).

(siehe dazu *« Que faire quand les mots te manquent »* und Buch S. 12, 59)

Ich weiß, dass ich auf keinen Fall nach der Übersetzung für ein deutsches Wort fragen darf!

Ich bin inhaltlich auf die Themen vorbereitet.

Ich kenne den Wortschatz der Lektionen, so dass ich genügend Wortschatz für die Themen zur Verfügung habe.

Ich habe mir besondere Formulierungen gemerkt, mit denen ich meinen Prüfer überraschen kann!

Questions possibles

Quand est-ce que tu es né / née ?

Tu as des frères et des soeurs ?

Parle de ta famille !

Qu'est-ce que tu aimes manger ? Qu'est-ce que tu n'aimes pas du tout manger ?

Où est-ce que tu habites ?

Parle de ton école ! Quelle est ta matière préférée ?

Quel sport est-ce que tu pratiques ? Est-ce que tu pratiques un sport ?

Qu'est-ce que tu aimes faire / n'aimes pas faire ?

Comment est-ce que tu vas à l'école le matin ? (à pied / à vélo / en bus...)

Qu'est-ce que tu as fait hier / le week-end ?

Qu'est-ce que tu vas faire ce soir / demain / après ?

Die Prüfung dauert insgesamt etwa 20 Minuten. Die Schüler werden von ihrem Französischlehrer / in geprüft, der / die jeweils andere Französischlehrer / in protokolliert den Prüfungsablauf. Bewertet werden die Bereiche Inhalt, Wortschatz und Grammatik, Aussprache / Intonation / Flüssigkeit und Interaktion (Gesprächsführung). Die Schüler erhalten ein Zensurenblatt, aus dem die Bewertung der einzelnen Bereiche hervorgeht.

4. Schulaufgabe aus dem Französischen (mündlich)

Datum: **Name:**

Teil 1 (Bildbeschreibung): ____________________

Teil 2 (jeu de rôle): ____________________

Teil 3 (voc. Grammaire) : ____________________

BE	50-44	43-37	36-31	30-25	24-17	16-0	**Erreichte BE**
Note	1	2	3	4	5	6	**Note**

Aussprache / Intonation

(5 x 2 = 10 BE) **0 1 2 3 4 5 BE**

____

____

____

Sprachliche Mittel / Sprachrichtigkeit **0 1 2 3 4 5 BE**

(Grammatik / Lexik)

(5 x 3 = 15 BE)

____

____

____

Strategie / Interaktion **0 1 2 3 4 5 BE**

(5 x 2 = 10 BE)

____

____

____

Aufgabenerfüllung / Inhalt **0 1 2 3 4 5 BE**

(5 x 3 = 15 BE)

____

____

____

____________________ ____________________

Ort, Datum Unterschrift des Erziehungsberechtigten